U0503332

她理财

中国女性财富进阶手册

她理财社区◎主编

经济管理出版社
ECONOMY & MANAGEMENT PUBLISHING HOUSE

图书在版编目（CIP）数据

她理财/她理财社区主编．—北京：经济管理出版社，2022.8
ISBN 978-7-5096-8658-4

Ⅰ.①她…　Ⅱ.①她…　Ⅲ.①投资—基本知识　Ⅳ.①F830.59

中国版本图书馆 CIP 数据核字（2022）第 138805 号

组稿编辑：杨　雪
责任编辑：杨　雪
助理编辑：杜羽茜　王　慧
责任印制：黄章平
责任校对：蔡晓臻

出版发行：经济管理出版社
　　　　　（北京市海淀区北蜂窝 8 号中雅大厦 A 座 11 层　100038）
网　　址：www.E-mp.com.cn
电　　话：（010）51915602
印　　刷：北京晨旭印刷厂
经　　销：新华书店
开　　本：720mm×1000mm/16
印　　张：13.75
字　　数：231 千字
版　　次：2022 年 10 月第 1 版　　2022 年 10 月第 1 次印刷
书　　号：ISBN 978-7-5096-8658-4
定　　价：58.00 元

关于她理财

她理财是一个女性理财互动社区及服务平台，专为女性用户提供中立、实用且个性化的理财服务。所有来到她理财社区的朋友，都可以快速融入社区并与许多志同道合的姐妹交流理财、投资和生活心得，分享自己的投资经验和生活好物，深入浅出地学习实用课程，互相激励，在实践中赚钱，在学习交流中成长，逐步成长为理财达人。

在她理财社区中，我们习惯将参与话题讨论、跟帖留言、使用服务的用户称为"财蜜"——一群乐于分享自己的理财故事和精彩人生的女性朋友。而我，就是这本书的主编，大家习惯称呼我为"她姐"——一个喜欢搞钱的重度理财爱好者。

目录

第一章　为什么要理财？ // 001

第一节　去她的焦虑！！！　001

第二节　赚得轻松、花得潇洒，理财从这里开始　004

第二章　从 0 到 1：攒钱有方，拒绝"月光" // 008

第一节　想攒钱，请重拾账本　008

第二节　梳理财务状况，给财富做体检　014

第三节　负债过多，如何走出困境？　016

第四节　八小时外，都有哪些开源的方法？　019

第三章　从 1 到 100：像有百万资产的人一样投资 // 022

第一节　你离百万财富有多远？　022

第二节　拥有百万资产的人，有这三个特征　026

第三节　构建投资产品的全局观　032

第四节　认识你所在的市场　038

第五节　建立一套扎实的投资体系　042

第四章 现金管理：财务健康的基石 // 046

第一节 手里有活钱，遇事不慌张 046

第二节 活钱放哪里收益更高？ 048

第三节 三个实用技巧，管理活钱更高效 050

第五章 风险保障：为理财解决后顾之忧 // 054

第一节 从出生到死亡，我们的一生要必备哪些保险？ 054

第二节 三步走，给孩子配置保险 059

第三节 教育年金，让养娃没有后顾之忧 064

第四节 商业保险，给父母添份保障 066

第五节 寿险和意外险，可以相互替代吗？ 070

第六节 储蓄险，实现低风险攒钱和养老 072

第七节 家宅平安，给"家"也添份保障 074

第八节 通货膨胀下，怎么买保险？ 076

第九节 小保险公司的产品，能买吗？ 077

第十节 买完保险，记得定期给保单做"体检" 080

第十一节 出险后，如何有效理赔 083

第六章 理财产品详解：手把手教你理财 // 086

第一节 几乎零风险的投资——国债及国债逆回购 086

第二节 银行理财无风险？看了才知道 094

第三节 券商的低风险理财产品，值得买吗？ 097

第四节 不懂股票、不看财报，照样能稳健赚钱！ 100

第五节 买基金大赚100%，我们这样选基金！ 112

第六节　学会基金定投，"小白"也能稳稳赚钱！ 116

第七节　基金赚钱和亏钱时，我们该如何做？ 120

第八节　股市看着很赚钱，你却只能当"韭菜"？ 124

第九节　如何"抱金砖"？解锁黄金投资秘籍 127

第十节　可转债打新，一个特别适合新手的投资品 132

第七章　个人信用维护：隐形财富加持 // 139

第一节　信用时代，如何保持良好的个人信用？ 139

第二节　如何查看个人征信报告？ 141

第三节　关于个人信用的六个问题，你一定要知道 144

第八章　保卫钱包：带你识破理财骗局 // 147

第一节　以养老的名义，不仅骗钱还骗房 147

第二节　荐股群里几十人，只有自己在赔钱 150

第三节　邮票、纪念币投资半年升值25%？小心被套路 151

第四节　艺术品收藏陷阱，有人损失近20万元 153

第五节　买了原始股回报将增值100倍？原始股骗局需警惕 155

第九章　买房有学问：省出一间大厨房 // 159

第一节　买套适合自己的房子，该考虑哪些因素？ 159

第二节　巧用住房公积金，省出一间大厨房 161

第三节　房贷怎么还，更省钱？ 164

第四节　有没有一个时间点，提前还贷更划算？ 165

第五节　二套房，那些不能不说的秘密 169

第十章 **理财技巧：内行才知道的秘密** // 172

第一节　关于工资，HR 不会告诉你的事　172

第二节　五险一金，80%的人都不知道的秘密　177

第三节　用好信用卡，每年"白捡"好多钱　186

第四节　花呗、京东白条等的真实利率，算出来很吓人　190

第五节　海外购物的省钱秘籍　192

第六节　贷款买车套路深，教你避开那些套路　201

第七节　A 股开户大有门道，这样做每年省几千元　206

参考文献 // 210

第一章
为什么要理财？

◆第一节　去她的焦虑！！！

当今社会，大家在网上看到频次最高的一个词是什么？或许不少人想到的会是"焦虑"一词。做父母的焦虑、上学读书的孩子焦虑；上班的焦虑、找不到工作的也焦虑；没钱的焦虑、挣到钱的也焦虑；看个电视剧会焦虑，出门通勤也焦虑……好像"焦虑"这两个字已经渗入每个人的思维里了。

这种氛围是何时开始的，我们已经说不清，但可以肯定的是，每个人都在真情实感地为生活操心。因为焦虑因子总是相似的：钱、工作、感情、身体、父母、孩子、养老和未来。

她理财社区曾做过一个调查统计，想找出哪些东西能够让人们感觉更安全、更踏实，"钱"的因素占到了37%，是被提及最频繁的一项。钱确实能解决许多问题，治病、买房、养家、养娃、跟不喜欢的工作说拜拜。可是，真有了钱是不是就能不焦虑了呢？或者说，多少钱能让人过上告别焦虑的生活呢？

围观了她理财社区中"月入多少，你才不会感到焦虑？"的话题，大多数财蜜将数字定在了月收入3万~5万元。当然，这个金额是用自己和家庭所需支出预算反推出来的，涵盖了目前能想象到的种种需求。然而，这并不是最终的答案。财蜜虽然给出了一个数字，但也不约而同地提到：随着收入的增加，焦虑并没有消失，反而还会不断地涌现。可见，钱并不是万能的。

财蜜：

如果不降低欲望，或者欲望一直随着收入增加，那么月入多少都不够。月薪1万元的时候，你想着租3000元的房子，孩子先放老家；月薪3万元的时候，你就想着买房或者租8000元的房子，把孩子接到上海来；年薪60万元的时候，你就想着买上海的学区房，将来好送孩子深造。

她姐说：

这位财蜜其实说到点儿上了。虽然安全感需要金钱来支撑，但有钱后依然感到不安，深层的原因是你的欲望总是比你的能力更超前。

告别这种原因导致的焦虑，有两个办法：一要有希望；二要少欲望。

从心理学的角度来说，焦虑是一种对未来不确定的恐惧，以及对将要发生的事情产生的一种害怕心理。也就是说，当我们面对一件对自己来说十分重要但是自己又没有把握能做好的事情，导致结果具有不确定性的时候，这种情绪就是焦虑。

其实，适当焦虑不是件坏事，起码它说明我们对未来是有期许、充满希望的。而当我们依然对未来充满希望时，我们才能有动力去改变当前的状况，也就是能试图跳出舒适区。因为如果你一直都在舒适区里保持一种状态，我们的认知和能力可能永远无法拓宽，也只能在很有限的已知区域里生活。所以，如果你还想进步，就要走出舒适区，而对未来保持希望、适当有些焦虑感，是驱使我们走出舒适区的一个动力。

另外，我们对于希望想要获得的东西也不能太贪心，毕竟鱼和熊掌不可兼得，要知道自己什么能要、什么不能要，要知道自己能力的天花板有多高，这样也就不会患得患失了。

财蜜：

我认为焦虑和收入无关。回看我自己的经历，参加工作这五年来，最快乐不忧虑的时光竟是工资最低、刚工作的那段时间。那时候刚刚走出象牙塔，无知无惧，激情澎湃，什么事都勇往直前，敢于担当，毫无顾虑。心里除了努力工作这个意念，竟无他想。

她姐说：

我们认为能抱有这份观点的，说到底，还是那时候对未来抱有一份纯真的确信，自然会产生安定感，不会太焦虑。"稳"这个字很有必要，对于那些吃了上顿没下顿的人，哪怕某次突然挣到 5 万元、10 万元，可能也不见得比每个月固定拿到 6000 元工资的人更幸福，因为后者更能够预见自己之后的生活。

其实很多财蜜在她理财社区话题的跟帖中，都提到了焦虑的原因在于欲望太多。从普通小康家庭到有房有车还有不少存款的中产家庭，衣食住行这类基础需求早已不用操心了，但人们会进一步担忧：如何让家产滚到富豪级别？如何紧抓孩子教育，让他（她）赢在起跑线上？如何稳住自己在公司的地位？

面对这些焦虑时，我们要调整好心态，做好回顾梳理，明确本心。这些方法确实很有用，不过，我们也不要就此认为有欲望是错误的，甚至一味地让自己降低期望，安于现状，因为这样很可能会连生活的热情动力也一并失去。对抗焦虑有许多可行的方法，整体思路就是提高生活的稳定感、找到明确的提升路径、提高抵御不确定性的能力。从理财的角度来说，不妨从以下几方面来尝试对抗焦虑感：

第一，养成做规划的习惯。提前做好规划，能够对生活抱有掌控感，而当我们逐一完成既定的规划方案后也能带来成就感。在做事之前考虑好步骤与节奏，花销方面勤做预算、控制自己的结余率，这些都能够缓解焦虑。当然，还要注意一点，即必须考虑目标的可执行性，不能让目标的可实现性远超自己的能力范围，否则一旦规划的方案无法实现或者拖延，只会让焦虑感倍增。

第二，积极理财，带来安全感。选择适合自己的理财方式，让资产在稳健的前提下跑赢通货膨胀，更要稳步增值。追求稳妥的人可以多配置一些中低风险的投资产品，如我们平时能够接触到的低风险银行理财产品、货币基金、债券类资产等，也可以少量配置一些资金到股票等权益类投资中，以提高整体收益。

第三，稳定月收入。无论是正式工作还是兼职，一份稳定的工作收入或者稳定的现金流入是十分必要的，它能让我们在此基础上安心地做更多规划。不过，如今职场压力日益加剧，利用空闲时间提升能力、提高自身的不可替代性，才能真正保住稳定的收入。

第四，配置完善的保险。保险是专门用于抵御日常生活中那些意外、疾病风险的，因为一旦突发风险事故，除了在心理上给自己和家庭带来创伤，也会直接损耗家庭的财富，因此，我们需要给自己和家人筑一道"护城河"。可以根据年龄和收入情况，为自己和家人配置适合的人身保险，如意外险、重疾险、医疗险和寿险，用以应对意外。

第五，从情绪上解决不安。焦虑说到底是一种情绪，因此我们可以用情绪调整来化解这种不安。与"升职加薪""买房""把孩子送进重点学校"这些高难度任务不同，有一些活动是能很快并稳定获得愉悦感的。比如运动，只要坚持，成效明显，不但有益于健康、改善体型，还能分泌多巴胺让人心情愉悦。又比如学习一门新技艺或新语言，坚持努力带来的成就感也能抵消工作、金钱上的压力和挫败感。

◆第二节 赚得轻松、花得潇洒，理财从这里开始

"理财"已然成为当下一个热门词汇。但大家有没有思考过，我们究竟为什么要理财？其实最根本的原因就是，钱贬值的速度远超过你的想象。

一、到底是谁"偷"走了你的钱

如果你是一个爱美的人，最怕的一定是衰老。

如果你是一个爱财的人，最怕的一定是通胀。

这里说的"通胀"，就是通货膨胀，更准确地说是货币的贬值。它不仅包括

每年不断上涨的 CPI, 还包括房产等资产的快速上涨。

可能你会问:"现在的 100 万元, 未来到底值多少钱?"如果我们假设经济相对平稳增长, 按照购买能力计算, 现在的 100 万元, 10 年之后的真实购买力可能相当于今天的 32 万元至 62 万元; 20 年后的真实购买力, 可能相当于今天的 11 万元至 45 万元。也就是说, 因为通货膨胀的存在, 理财对于我们来说已经不是可有可无、锦上添花的技能, 而是一种生存需要。只有让理财收益跑赢 CPI 涨幅, 你辛辛苦苦赚来的钱才不至于白白"缩水"。

二、复利, 神奇的赚钱法宝

除了怕钱"缩水", 我们肯定还希望自己的钱能越来越多。"股神"巴菲特曾说过:"人生就像滚雪球, 重要的是发现很湿的雪和很长的坡!"这个"很长的坡", 就是指越早开始投资理财, 就越能借助复利的力量, 用更低的本金获取更多的回报。

什么是复利? 所谓复利, 就是利滚利。但请注意, 它不是投资产品, 而是一种计息方式, 指的是每一期的收益加到本金中继续获利。比如, 第一年你投资了 100 元, 得到 10% 的收益, 也就是 10 元, 第二年你把收益 10 元加入本金中共计 110 元一起进行投资。这看起来挺简单, 但为什么说它有那么大的威力?

我们来看个例子:

小明从 23 岁开始每年投资 1 万元, 但是一共只投了 8 万元, 也就是在他 30 岁投完最后一笔后就停止了; 小丽从 31 岁才开始每年投资 1 万元, 为了弥补失去的岁月, 她连续投了 30 万元, 假设两个人的投资收益率都是按每年 9% 复利计算, 当两人都到了 60 岁, 谁的钱更多?

答案是: 从 23 岁开始投资的小明。

尽管小明投入的资金总量只有 8 万元, 但从 23 岁到 60 岁这 38 年间的利滚利, 让他在 60 岁时本息和一共有 1594912 元; 而小丽虽然本金多, 但是实际的增值时间只有 30 年, 60 岁时本息和一共才有 1485752 元。

是不是很出乎意料? 小明投入的本金比小丽少, 但最终到手的利息是小丽的两倍多。这也就是为什么我们说理财越早开始越好，因为有复利的神奇力量。

那么现在才开始理财，太晚了吗？相信很多人都有这样的疑问。的确，理财要趁早，而且是越早越好。不过如果你很晚才开始接触到理财，那也不要紧。20岁开始理财的确很好，但30岁也不算晚，甚至40岁、50岁、60岁都不晚。要知道，肯德基的创办人哈兰·山德士上校是在65岁那年才创办肯德基的，可是这也并不影响肯德基成为一家非常成功的公司。

理财不怕晚，怕的是你不敢开始。我们要明白，理财追求的是"财务的持续健康发展"，而不是"一夜暴富"。况且未来的日子还很长，只要能够持续科学地打理好自己的资产，日积月累，足以让小钱变成大钱。所以与其说理财要趁早，不如说理财趁当下，无论你的年龄多大，现在开始就是最"早"。

三、给初学者的三个小建议

很多人一听到理财就觉得这是个特别专业的事情，其实不然。理财是零门槛的，它既不需要高收入，也不用花费很多时间，更不需要高学历，只要懂得简单的加减乘除，就能轻轻松松地学会理财。

刚开始接触理财的人一般都会觉得一头雾水，不知道该从哪里下手。那么就请跟着"她理财"的节奏，从清点资产、攒下"第一桶金"开始，了解常见的理财产品和它们的风险收益情况，学习如何进行资产配置、构建适合自己的投资组合。相信只要能跟上节奏，你的理财观念和方法都会有一个质的飞跃，懂得怎样科学地管钱，并且早日通过理财来拥有工资以外的收入。

在开始正式学习前，她姐想给刚接触理财的人几个小建议：

（1）给自己定个小目标。做任何事之前，要有个小目标，然后朝着目标努力。比如，你的目标可以是：年底要攒够5万元；两年后攒够20万元买车；30年后退休了，要有300万元的资产补充养老金……可以先从小目标开始，再慢慢地实现全部目标。

（2）准备一笔应急资金和买保险的钱。无论你身家几何、拿多少钱去投资，都需要留出一笔应急的钱和一笔买保险的钱。俗话说，"一分钱难倒英雄汉"，生活中总会出现一些突发事件,比如,家人突然生病或者天灾人祸等,都得用钱救急。这时候,就凸显出应急资金和保险的重要性了。至于该攒多少应急资金?保险该怎么配置?这些问题我们会在后面的内容中详细讲解。

(3)选择适合自己的理财产品,不要盲目跟风。生活中,我们不能随波逐流,理财同样也是这个道理。看到别人炒股赚到了钱,不要眼红,也许换成自己炒股,说不定赔得本金都没了。如果刚开始理财,建议把门槛放低些,尽量以低风险稳健收益型的产品为主,可以尝试从货币基金、银行理财、基金定投等开始,小额投入,严控风险。更多理财知识和方法我们会在后面的章节详细介绍。

理财不一定能让每个人都实现财务自由,但只要认真学习理财,根据自己的风险偏好挑选合适的产品、做好资产配置,理财的确能让你离向往的生活更近一步,拥有掌控生活的自信和底气。

第二章
从0到1：攒钱有方，
拒绝"月光"

 第一节　想攒钱，请重拾账本

攒不下钱，想必是许多年轻人比较头疼的问题。薪酬低的人只能维持基本的开销，薪酬高的人也会觉得自己到手的工资还没捂热乎就没了。信用卡越办越多，债务也越欠越多；越是想攒钱，越攒不下钱。

为什么会这样？是因为工资本来就不高？还是受每月房租、饭费、水电费的拖累？或许它们的确在一定程度上限制了你的结余情况，但其实工资多少与你能否攒下钱并无绝对联系，不然为什么会出现有些人工资很少都有存余、有些人工资再多都会"月光"的现象？这其实是因为生活方式出了差错。

小美毕业后进入一家小公司，月收入8000元，扣除生活必需的支出外，每月能存下1000元；小丽毕业后进入外企工作，月收入1.5万元，扣除必需的支出外，信用卡负债8000元。为什么薪酬较高的小丽反而存不下钱？来看看她们的生活方式：小美每月工资一发下来就雷打不动地先存下1000元，剩下的钱除必需的支出外，平时很少冲动消费，更加注重个人成长；小丽则是一个有促销活动就要去凑热闹的人，她最喜欢的就是"享受当下"。

生活方式和消费方式上的差异，直接影响了最后的结果。有时候看似工资不低，但是不加节制的消费，以及客观上持续上涨的生活成本，让你不得不"月光"，甚至一到月底就得靠刷信用卡过日子。因此，我们必须从改变自己做起，逐渐摆脱"月光"的标签。

一、如何做，才能掌控支出？

掌控支出一个很有效的方法就是记账。现在，有记账习惯的人越来越少了，殊不知，记账是理财中不可或缺的一部分。通过记账可以养成良好的消费习惯，还能随时了解每天、每月和每年的支出情况。

（一）改善消费习惯

有些人可能觉得，买瓶水都记账有些小题大做。但如果不这么强迫自己一下，会很难了解每天在食、衣、住、行等方面的支出情况，等到钱都用光，也不知道钱都花在哪里了。所以别嫌麻烦，每一笔支出和收入都记在账上。除了固定记账外，也要定期分析自己的财务状况，如每周或每月进行总结整理，并且与之前进行比较，找出非必要的花费，久而久之就会省下一笔钱，就可以用它做其他的投资理财规划了。

（二）帮自己强制储蓄

坚持记账和定期分析后，我们会对自己的支出情况做到心里有数。等下个月发工资时，就可以把不必要的支出先攒起来。也许一开始的资金量并不大，可能也就三五百元，但是时间一长，这三五百元可能就是大几千元甚至上万元了。

（三）厘清"想要"和"必要"的消费欲望

你是否有过这样的经历，出去约好友吃饭，却被路过小店里的饰品吸引而驻足不前；电商搞促销，折扣诱人，不管自己当前是否需要，也要凑单把满减的福利用上；只要卡里还有钱或是信用卡还可以刷，多半都会尽情消费，总想着"还有几天就发工资了"……

当开始记账后，每记下一笔花费似乎都是一种思考，有些花掉的钱其实可以不花，如此便可厘清什么是"必要"、什么只是"想要"。就好比此刻你饥寒交迫，你需要一件棉衣御寒、一碗热粥果腹，于是你买了一件棉衣，又喝了一碗热气腾腾的八宝粥，既温暖又饱腹，那么这件棉衣和这碗热粥就是你"必要"的。可如果你已经有了一件棉衣，只是看到别人有一件最新款的棉衣，于是你也想拥有，那么这件棉衣就是你"想要"但不"必要"的东西。学会区分"必要"和"想要"，进而做出取舍，在杜绝"想要"的消费欲望后，便有多余的钱可以存下来。

记账这个看似琐碎的习惯却能帮你每个月省下一笔开销。如果你从来不记账，就永远无法了解钱究竟花在哪里，甚至每到月底前一周就会发现下周无钱可花，那么你永远只能是个"月光族"。唯有清楚钱的流向，确切地掌握支出，才能节约消费。

二、究竟该如何记账？

现在有各式各样的记账 App，它们其实并无好坏之分，选一个自己使用方便顺手的就行。如果你对各种手机 App 不感兴趣，那就准备一个记账本，或者在 Excel 中自己编制资产负债表和收支储蓄表，用传统的方法照样能记账。

（一）资产负债表

顾名思义，资产负债表就是看你手上有多少资产可用，有多少负债没还，它反映的是某个时点的财务状况。从结构上来讲，资产负债表分为资产、负债和净资产三个部分。

资产可以分为金融资产和实物资产，其中金融资产包括现金及现金等价物、其他金融资产两个部分。如果按资金用途来划分，资产还可以分为流动资产、投资资产和自用资产。这两种分类只是按照不同方式将资产大致划分，我们选择其中一种分类方法就可以。需要注意的是，房产和汽车这些资产的价值是大致估算的，按现有市场价值来填写，最好少填一些，不要对自己的资产估计过高。

负债部分则分为流动性负债和长期负债，具体类别包括信用卡所欠余额、房贷、车贷等。最后，用资产减去负债，就可以计算出净资产了，如表2-1所示。

表2-1　家庭资产负债表　　　　　　　　　　单位：元

家庭资产				家庭负债		
分类	项目	现值	实际收益	项目	余下债务	年期
现金及现金等价物	活期及现金			房贷		
	定期存款			车贷		
	货币基金			信用卡欠款		
金融资产	基金			网贷欠款		
	股票			其他负债		
	债券					
	黄金（非实物金条）					
	保险现金价值					
	信托					
	外汇					
	期货					
	……					
实物资产	房产（自用）					
	房产（投资）					
	汽车					
	收藏品及实物黄金					
	……					
资产合计				负债合计		
家庭资产净值						

注：①"保险现金价值"是当前时点保单现金价值，也就是退保能拿回多少钱，这一数值在保单里可以查到；②以上所有项目均可按实际情况增减。

了解了资产负债表的设置，一个很现实的问题摆在眼前：当我们的理财方式越来越多样化时，怎样在账本上体现投资资金的收与支？

记录理财收支其实有个原则，即实时记录操作过程，盈亏都如实记载。不管一年内各种理财方式操作过几次，只要有止盈落袋或是止损操作时，就实时记录在案，体现在那个时点的账本中。下面列举几种情况：

1. 对于定期理财或者是存期较长的国债

定期理财在每一笔钱本息到账时，记录一笔即可。国债有每年付息到期付本金的，也有到期才本息一同给付的，但无论是哪种，收益都是在落袋进账时记录。

2. 对于股票与基金这类投资期限较长、收益不固定的投资品

股票与基金，我们都提倡长期持有并设定止盈目标，尤其是基金定投，很可能三五年都不会卖出。在我们的账本上，依然是在落袋时再记录收益。但是，股票与基金一定要做好每一笔购入的记录，更新账本的时候，要将本月的持仓成本计算并及时迁移到新账本中。当卖出相应的份额时应计算实际收益，并将收益填到理财收益相应的栏目中。

3. 对于货币基金这类收益少的活期理财产品

相信大家都会持有类似余额宝这样的活期理财产品，虽然它收益不多，但理财收益也要记录。如果是一笔一笔去记，确实有些烦琐。其实每个产品都有查收益的地方，我们只需在月底盘账时查一下账户情况，记录一笔就行。

4. 对于房租这种按季度或年度的收入

应该是在收到房租的当天，在账本中体现收入，不管收到的是 1 个月、3 个月、6 个月、12 个月还是 2 年的房租，只要在当天收到的，就记到当年的账本上。特殊情况下，比如，上年 3 月收取了 1 年的房租，今年房子空置，4 月开始按月收取房租，怎么记？还是遵循上面的原则，不管前后如何更改收租方式，只要钱到账户就记一笔，最后体现的都是当年的房租收入。

5. 盘账时，投资的浮亏是否要记录

浮亏不需要单独记录到理财收入账本中，因为没有实际产生亏损。但是在家庭资产负债表中，应该在"现值"中予以体现，必须要知道自己家所有现金资产的数量，以及所有能够快速变现的资产价值。比如，你有 5 万元本金，但目前的市值只有 3.5 万元，那么在资产负债表中就只能记 3.5 万元，因为你无法变现出 5 万元的现金，记录 5 万元只会让你在急用钱时发现还存在资金缺口。

（二）收支储蓄表

收支储蓄表反映的是一段时间内，家庭的收入和支出分别是多少，以及有多少结余。从时间上看，如果记录的是每月的收支情况，就是月度收支表；如果记录的是一年的收支情况，则是年度收支表，如表 2-2 所示。

表 2-2　每月收支状况表　　　　　　　　　　　单位：元

收入		支出	
项目	金额	项目	金额
本人月收入		房屋月供	
基本工资		车贷月供	
资金		日常生活开支	
提成		衣物购置	
配偶月收入		个人护理	
基本工资		日常养车	
资金		休闲娱乐	
投资收入		孝敬父母	
利息与分红		其他杂费	
租金收入		其他开支	
其他收入			
收入合计		支出合计	
每月结余			

注：以上所有项目均可按实际情况增减。

"收入"好理解，主要就是每月的工资收入、不定期的奖金、分红等。这里重点讲支出的记录方法。对于支出账的科目分类，这里有几条经验分享：

（1）尽量减少科目，不宜分得过多过细，否则容易记乱，导致出错。

（2）对于费用相对固定且发生频率较低的支出，如每年交一次的物业费、暖气费、车位费等，可以从月度的账本科目中摘出，待年终总结时再做记录，这样可避免花很多时间去寻找对应的科目，以提高效率。

（3）每年根据当前的支出结构调整账本科目。正确分类是账本的基础，在企业里，每一项成本是否记入正确的科目很关键，对于家庭而言，也一样关键。账本科目不是设置一次就再也不用管了，而是要根据每年的支出结构进行调整优化。

（4）记录及时，但频率也要适当。那么，按照什么样的频率记账既可以及时记录支出，又不会因为记账带来太多工作量而放弃呢？

如果是用 Excel 记账，一般 2~3 天记一次账，这样一个月下来，记账 10~15次，每次几分钟，这个频率还是比较恰当的。我们也可以使用 App 记账，随时随地记录，频率自己掌握，非常方便。

对于小额支出是否需要记账的问题，我们的看法是当然要的，因为小额支出积累起来也会变成大额，但是小额支出记不住又实在头疼，所以建议尽量采用电子支付，便于查询。

除此以外，以下这些技巧也必不可少：尽量使用电子支付，便于查询对账；集中支付渠道，如不要刷很多张信用卡、不要多个账户；对于现金的支出，可月初记录总额，观察一下平时有哪些用现金支付的，记录差额到对应科目即可，不需要太精确。

对于家庭收入，自己和配偶的收入可以分开记录，而支出项因为比较难分割建议合并在一起记录，可以按餐饮、日用品、交通、人情支出、医疗、投资支出等大类来整理，至于具体类目可因人而异。最后用收入减去支出，就可以计算出结余了。

◆第二节　梳理财务状况，给财富做体检

学会了记账，并梳理好资产负债表和收支储蓄表后，我们就可以直观地看到自己的财务情况了。如何对表里的一些数据进行简单分析，发现财务上可能有所欠缺的地方，进而优化改善呢？下面几个关键指标，是检验我们家庭财务状况是否健康的依据。

一、两个衡量家庭资产情况的指标

（一）结余率

$$结余率=结余金额/税后收入×100\%$$

结余率的红线是30%，也就是说，你每月或者每年的结余率至少要达到30%才可以，数值越大，储蓄的能力越强，财富积累的速度也就越快；反之，数值越小，财富积累的速度就越慢，潜在的抗风险能力也越差。

（二）投资比率

$$投资比率=投资资产/净资产×100\%$$

　　投资比率反映的是家庭通过投资实现财富增长的能力。这一指标通常在 50% 左右比较适宜，如果过低，表明投资意识较弱，资金没有得到充分利用；如果过高，也不利于家庭财务安全，毕竟投资有风险。

　　不过我们还应该综合年龄、收入、家庭实际情况等因素来客观分析。如果是刚工作不久收入不高的年轻人，金融资产的积累本就不多，那么投资比率为 20%~30% 也是可以的。如果目前债务压力较重，投资比率低一些也正常。这个指标还可以从侧面考察财务自由的实现情况。

二、三个衡量家庭债务情况的指标

（一）负债比率

$$负债比率=总负债/总资产×100\%$$

　　负债比率的红线是 50%，30%~40% 为宜。如果负债比率小于 50%，说明处于红线数值内，家庭负债比率相对适宜；如果大于 50%，说明家庭负担较重，存在一定的财务风险。不过，由于每个家庭对债务的承受能力不同，我们同样要结合家庭的其他财务情况来综合判断。

　　比如，A 先生一家上个月刚购置了一辆私家车，并办理了汽车贷款，由于支付了车辆的首付，导致眼下家里的金融资产并不多，此时计算资产负债率通常会大于 50%。但如果仅凭此就说 A 先生一家会面临严重的财务危机，显然是有失偏颇的。因为 A 先生和妻子的收支结余稳定，甚至预期会有较大的涨幅，届时家庭结余也会增加，所以尽管当前大于 50% 的负债比率看上去并不健康，但是结合近期的大额支出以及收支结余情况，A 先生一家的负债情况并不会显著增加财务风险。

（二）负债收入比率

$$负债收入比率=总负债支出/总收入×100\%$$

　　这一指标也叫作财务负担比率，用来衡量债务负担的大小。计算这个指标时，我们最好是以月为单位，即负债收入比率=月负债支出/月税后收入×100%。通常，负债收入比率以小于 40% 为宜，如果高于 40%，则表明每月的负债支出占收入的比重过高，财务压力会比较大。

（三）清偿比率

$$清偿比率=资产净值（或称净资产）/总资产×100\%$$

　　虽然这个指标的计算中并没有负债参与，但它表示的却是家庭是否有足够的能力可以通过变现来偿还负债，这也是衡量负债是否安全，以及偿还能力强弱的指标。通常，家庭的清偿比率在60%~70%为宜，如果清偿比率过低，表明当前可支配的金融资产偏少，即使全部变现也不足以支付负债缺口。当然，清偿比率也不是越高越好，适当地增加一些合理负债、一些财务杠杆，可以优化资金的使用率。

三、一个衡量家庭流动性情况的指标

$$流动性比率=流动性资产/月总支出$$

流动性比率也就是我们常说的储备"紧急备用金"的资金量。前文提到，资产负债表"现金及现金等价物"一项中，现金及银行活期、货币基金也称为流动性资产。流动性资产总额/月总支出，如果得出的数值为3~6，表明目前已经预留了一部分可以随时变现使用的流动性资产，金额较为合理。如果得出的数值小于3，表明家庭的流动性资金储备有些不足，应适当补充。不过如果你有1~2张额度较为充足的信用卡，当前的结余率、负债比率、负债收入比率等指标也都适宜，那么紧急备用金倒也不必顶格补足到月支出的6倍，3~4倍即可。如果得出的数字远大于6，从资产配置的角度来看，你的现金类资产持有量有些多，资金没有得到充分利用，不利于增值，应适当地减少流动性资产的持有量，用在其他投资品的配置上。

通过上述六大指标，我们基本可以对家庭的财务状况有一个较为全面的了解，大家可以根据上一年度资产状况的优势来进行下一步的规划，同样也要针对其中的问题进行改善。

◆ 第三节　负债过多，如何走出困境？

一、你的负债是"好债"还是"坏债"

很多人是比较排斥负债的，总觉得欠钱过日子不踏实。但其实，合理负债没有那么可怕。那么问题来了：哪些负债是相对合理的？哪些负债又是完全没必

要的？

我们通常会把负债分为良性负债、恶性负债和中性负债三种。

良性负债，是指自己有足够的偿还能力，并且随着时间的推移，负债减少，资产本身还可以增值的债务，如房贷。如果房子可以出租，租金回报高于贷款利息，房主不仅不会额外增加房贷负担，甚至还能得到整套房产的升值收益。当然，如果你的房子并没有出租的打算，只要房贷压力可控，依然是良性负债。

再如，有些聪明的理财者，即使手中有足够的资金，也依然选择贷款，他们会合理使用信用卡或者一些免息的消费分期，同时将手中的资金投入利率回报更高的理财产品中，利用免息期的空当赚一笔小钱。又如，有时信用卡或者电商的消费分期有"零利率零手续费"的活动，这种情况产生的负债也是良性负债，这相当于你可以更长时间地无偿占用银行的资金。当然，无偿占用的资金也要在规定的时间内偿还。类似于以上各类负债都可以称为良性负债。

恶性负债，是指那些纯粹为了提前消费享受而背上的债务，以及利率过高、导致负债过重的情况，频繁使用信用卡分期或者使用收取手续费的消费分期都属于此类负债。虽说用了杠杆提前消费享受，但无形中随着商品自身的贬值、使用成本的增加，自己还要持续还钱，这样的负债我们就称为恶性负债。

除了良性负债和恶性负债之外，还有一种中性负债。这类负债不能简单地用"好"还是"坏"判断，用得好，它就是良性负债；用得不好，就可能会演化成恶性负债，也就是说存在不确定性。比如信用卡欠款，如果你能按时足额还款，同时也不会造成太大的财务压力，它就是良性负债；但如果你因为无法全额还款，而不得不使用分期业务，甚至是逾期导致个人信用受损，那么它就是恶性负债。

二、如何正确负债？

在前面关于财富体检的内容中，我们介绍了两个用来衡量家庭债务情况的指标，即负债比率和负债收入比。负债比率是家庭负债总额与资产总额的比值，它是用来反映家庭综合偿债能力高低的指标，参考值为50%，最好把负债比率控制在50%以下。如果负债比率超过50%，稍有不慎就可能引发家庭经济危机。负债收入比率也称财务负担比率，是到期需支付的债务本息与当期收入的比值，它直接反映了一个家庭的债务负担程度和债务风险，体现的是我们偿债能力的强弱，参考值为 40%，最好把债务收入比控制在 40% 以下。如果债务收入比率超过了40%，甚至达到了税后收入的 50% 或更高，那么一旦收入减少或者额外支出增加，就很容易导致债务违约。通过这两项指标，我们能快速了解家庭当前的负债情况以及能承担的债务压力的大小。

可是，如果当前你已经债务缠身，该如何走出困境？

随着信用卡、消费分期、小额贷款等借款渠道的兴起，我们只需一部手机、一张身份证就能轻松借到钱。可是很多人并不会克制自己的消费欲望，或是被赚钱发财的想法冲昏了头脑，导致手里没钱了就去透支信用卡、使用分期等，还不起欠款就"拆东墙补西墙"，恶性循环，以贷养贷，最后把自己弄得负债累累，深陷负债的泥潭中。

那么，被债务缠身的朋友，如何才能顺利"上岸"？

这里建议大家做好三个规划，分别是：债务清偿规划、收支结余规划和收入增加规划。

（一）做好债务清偿规划

这份规划就是要把当前所有债务做个梳理复盘：哪些是欠银行的，哪些是欠网贷的，哪些是欠别人的；哪些如果不按时偿还就会有征信记录，哪些暂时不会有征信记录；哪些能办理分期还款，哪些不能办理分期还款；每个月分别要还多少钱；用 Execl 中的 IRR 公式算一下真实利率分别是多少。把这些信息整理好，之后列出一份清单。这样做的目的是把那些自己稀里糊涂欠下的款项逐一厘清，之后我们可以优先偿还高息借款，其次是中等利率水平的借款，最后是低利息借款，以减轻还债压力。

（二）做好收支结余规划

没有新钱入账，怎么可能还清之前的欠款？与其面对着几十万元甚至上百万元的负债干着急，不如把自己的收支进行一个详细规划。如果平常没有盘点过自己的支出，这时候就可以选择用记账的方式来控制支出。因为平常不记账，我们很难发现原来自己的开销这么大，很多地方的支出其实根本没必要。把这些非必要的支出减少甚至抹掉，只要负债没有还清，支出方面就不要有享受、浪费的行为，尽量多结余，才能慢慢地还清欠款。至于投资增值的事情，在高额的负债还没有还清前，就先不要考虑了，毕竟实际情况也不允许你拖着欠款不还，拿着并不多的结余去投资，万一投资遇到了风险，好不容易结余的钱打了水漂，更是雪上加霜。

（三）做好收入增加规划

收支结余控制得再好，如果收入很有限的话，结余的绝对金额也会很少，当面对高额的负债时恐怕也很难真正缓解压力。此时只能靠增加收入来解决问题了。所以我们需要弄清自己的收入构成，看看最稳定的收入来源是什么，是否还有其他的收入来源，并想方设法地提高收入，在多赚钱的同时合理支出，才能有结余去还欠款。

想把缠身的债务清理，让生活重回正轨，除了上面这三个必须要落实做好的规划外，还有以下几点建议可以参考：

第一，拒绝信用卡、网络借贷甚至套现等筹款方式，避免以贷养贷。在负债压力过大时，我们十分不建议使用信用卡分期、网络渠道借款甚至用套现的方式以贷养贷，殊不知这种"拆东墙补西墙"的方法只会让利息像雪球一样越滚越大，到最后可能本金还清了，反倒是利息成了"压死骆驼的最后一根稻草"。

第二，遇到麻烦时，跟家人坦白。当你实在感觉无力偿还负债时，一定要记得，你的身后还有家人可以寻求帮助。

第三，还清欠款后，适当注销多余的信用卡。如果克制不住自己的消费欲望，那么一定要在还清欠款后把多余的信用卡注销掉。当然，如果因为逾期被记入黑名单，为了个人征信记录，就不要轻易注销了。从网上借来的钱也是一样，还清后可以把账户注销，避免再次不必要的消费。

第四，申请延期或者协商减免。如果有类似信用卡、消费贷等负债，不妨在遇到还款问题时跟银行、网贷平台协商一下，看是否可以延期一段时间，在这期间自己要积极筹款，并算算哪个成本更高，先将这部分钱还掉。

◆ 第四节　八小时外，都有哪些开源的方法？

都说"钱不是省下来的，而是赚出来的"，可是开源赚钱哪有那么容易。"节流"是把手里看得见的钱攥住，而"开源"却是寻找工作之外的赚钱路径。其实，"上班族"大可不必感到"钱途"黯淡，只要针对自己的实际情况做出正确判断，照样有不少八小时之外的致富良方。

从类别上看，开源大致可分为三类：一是靠知识储备和专业能力；二是充分利用时间要素；三是充分利用已有资源。三种类型下又具体能做些什么？下面的一些兼职工作，可以拿来参考。

一、靠知识储备和专业能力

（一）赚钱秘籍：写短视频脚本

写短视频脚本属于自媒体大类，但与运营公众号不同，随着短视频行业的发展，无论是搞笑号、情感号，还是剧情号，乃至剪辑号，对内容脚本的需求量都非常大，能供稿的"码字人"很抢手。而且这个行业的基础收入也不算低，一条一分钟的短视频脚本报价一二百元的比比皆是。因此，如果你有较为丰富的内容产出经验，可以参与到短视频的创作中。

（二）赚钱秘籍：公园户外课

身体是革命的本钱，现在越来越多的人开始加入健身的队伍中。如果你是一位运动爱好者，或是专门从事体育教育行业的人，可以考虑在小区或是附近公园开设户外课，如羽毛球课、轮滑课、体能课等，假设每人50元2个小时，每次课程上限6人，这样每节课程可以赚300元。而且因为在小区或者附近公园，上课也方便。

（三）赚钱秘籍：同声传译

如果你恰好有翻译方面的专业知识，或者自己的全职工作就是专门从事外语口译工作的，那么闲暇时间兼职做同声传译就再好不过了，而且同声传译的收入也是很可观的。当然，同声传译对兼职者的专业要求也很高，一般需要经过特殊训练，才能担当同声传译工作。通常3小时的会议，词汇量累计达2万多个，因此要求同声传译具备在1分钟内处理120个英语单词的能力。除了英语功力外，同声传译还要有流利、丰富的中文表达能力，有相当的社会知识和世界知识，对政治、经济、文化等领域要有一定的认知度。所以说，知识能创造财富，小伙伴们有没有开始懊恼小时候没有听老师的话"好好学习，天天向上"呢？

二、充分利用时间要素来开源

（一）赚钱秘籍：网约车司机

在大城市中，城区生活成本较高，很多人为节约开销，会选择在外环地段居住生活，每天上下班的距离较远。如果你有车，可以加入网约车平台，利用下班时间通过提供网约车服务来赚钱。当然，一定要选择正规的网约车平台，并遵守平台的各项规定，确保乘客的安全。

（二）赚钱秘籍：宠物寄养

现在很多人都喜欢养猫狗丰富生活，但如果主人要出门旅行或者出差，又苦于没有地方寄放萌宠，那么宠物寄养员这个职业就应运而生了，这不失为一个开源的好方法。当然，必须要提醒大家的是，学习一些基本的宠物知识，带上一颗充满爱的心，再开始工作吧！

三、充分利用已有资源来开源

（一）赚钱秘籍：社区生鲜团购、配送

受新冠肺炎疫情的影响，凭借独特的经营模式，社区团购的热度很高，而社区团购本身是一种依靠社区居民团体的线上线下购物消费行为，具有区域化、网络化等特点。如果你所在的社区招募社区店主或配送员，在有时间和精力的前提下，可以参与其中，既服务了社区居民，还能提高自己的收入。

（二）赚钱秘籍：网络平台出售二手商品

当我们收拾屋子、整理衣柜时，会发现有不少闲置物品，有些可能还是八九成新，有些甚至未拆封，我们可以通过网上二手商品交易平台将家中闲置的物资变现，避免浪费。

其实利用闲暇时间赚钱还有很多种途径，把会做的事情做到极致，发挥一技之长很有必要。

不过还要提醒"上班族"们，虽说为家庭财政添砖加瓦是每个家庭成员应尽的义务，但选择前还是要冷静地分析自己的优势和劣势，对自己的学识、专业爱好、上班时间、身体状况、工资收入等都要进行仔细分析，然后再定出自己的淘金计划。

第三章
从 1 到 100：像有百万
资产的人一样投资

 第一节　你离百万财富有多远？

"如果我中了百万大奖，我要……"这个假设大概人人都想过吧，也许你的答案是"我要去环游世界，剩下的钱存银行""我要开家奶茶店，剩下的钱买股票""我先拿来还房贷，剩下的钱留着养老"……在畅想过那么多令人向往的消费方式后，你有没有真正考虑过这样一个问题：如果没有中彩票，我离百万财富到底有多远？

下面，我们来认真地算一算，当下的你，以现在的投资收益情况，需要多久可以攒够 100 万元。

一、在追求百万财富的道路上，你处在哪个阶段？

根据她理财社区提供的累计 7 万多用户的智能理财规划服务的数据，我们统计出了一些很有意思的数据。① 先不考虑房产状况，我们只按照大家现有的可支

---

① 选取 2016~2019 年数据，在这期间使用智能理财规划服务的用户共 7 万名，在合法合规前提下，采集用户填写的年龄、金融资产持有金额、金融资产配置数据。

配金融资产金额，划分了四个财富阶段以及这些人群的平均年龄（见表3-1）。

表3-1　财富阶段及平均年龄

财富阶段	金融资产金融	年均年龄（岁）
财富起步	0~6万元	27
财富积累	6万~30万元	30.5
财富成长	30万~100万元	32.9
财富增值	100万元以上	36.5

根据大数据分析结果，达到100万元以上资产的人的平均年龄是36.5岁，乐观一点说，你离36岁有多远，就是离百万财富有多远了。但是，"天下没有免费的午餐"，天下也没有躺着就能赚的钱。不过，财富增长的背后一定有客观的规律。我们选取了另外几个典型数据，看看拥有不同资产规模的人群他们的财富路径（见表3-2）。

表3-2　现有金融资产增值所需时间

现有金融资产规模	曾经的财富积累阶段	平均用时
100万元以上	1万~5万元	3.6年
	5万~10万元	3.4年
	10万~30万元	2.9年
	30万~50万元	2.5年
	50万~100万元	4.3年
50万~100万元	1万~5万元	3.2年
	5万~10万元	2.7年
	10万~30万元	3年
	30万~50万元	2.4年
10万~50万元	1万~5万元	2.8年
	5万~10万元	2.2年
5万~10万元	1万~5万元	2.1年

注："所需时间"是指拥有不同金融资产规模的人群，曾经不同财富积累阶段的平均用时。

资料来源：累计7万多名使用她理财智能理财规划服务的用户。

观察表3-2，我们可以发现两个有趣的现象：

第一，对于同一资产阶段来说，人们积累财富的速度越来越快了。百万富翁原来用3.6年攒下5万元，现在的年轻人用2.1年就可以攒够。原来从5万元到

10万元需要积累3.4年，现在只需要2.2年就可以了。

第二，对不同资产规模的人群来说，后面的钱都是越来越容易赚的。金融资产在百万元以上的人群，从1万元到10万元、从10万元到50万元、从50万元到100万元所需的时间分别约为7年、5年、4年。资产在50万~100万元的人群和资产在10万~50万元的人群依然如此，资产新增的速度是逐年加快的。

这说明无论现在多有钱的人，他们在白手起家阶段，都比后来快速挣钱阶段要艰难一些。攒过钱的我们应该都有这种体会，一般来说，第一桶金只能开源节流省出来。而一旦进入下一个阶段，财富增长曲线就会呈现出非常漂亮的坡度。每跨过一个阶段性门槛，等待你的就不只是更多的金融资产，还有更轻松、更自由的财富人生。

如图3-1所示，我们不妨把财富积累路径总结为如下四个阶段：①开源节流，艰难积累第一桶金；②保持增长，财富实现平稳增值；③良性发展，金钱开始高速奔跑；④资产富足，"钱生钱"，人自由。你不妨对照一下，看看目前自己处在哪个阶段？

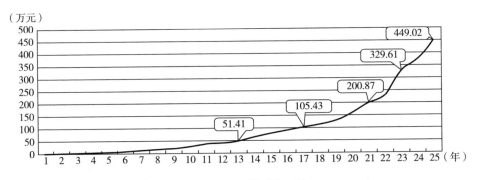

图3-1 财富积累时间曲线

二、哪些因素会影响财富加速

看个例子：27岁的小丽有10万元本金，她每年能够结余3万元作为定投资金，她用这些钱全部购买了一只年化收益率3%的理财产品（按复利计算终值），按此速度增长，她将在第20年攒够100万元，此时她47岁。

想从10万元增长到100万元，小丽要等待漫长的20年，那她该如何快点实现百万计划呢？

假设一：本金增加。小丽的妈妈给了小丽20万元，现在小丽有30万元本金，且依旧每年结余 3 万元，理财产品年化收益率 3%。这样一来，她将在第 15 年攒够 100 万元，比原来提前了 5 年。

假设二：结余增加。小丽的妈妈并没有额外资助小丽，她还是只有 10 万元本金，但因为小丽大幅增加了收入并减少了不必要的支出，每年结余增加到 6 万元作为定投资金，但年化收益率依旧是 3%。这样一来，她将在第 12 年攒够 100 万元，比原来提前了 8 年。

假设三：提高投资收益率。小丽依然只有 10 万元本金，每年结余也还是 3 万元作为定投资金，但经过科学配置与合理投资，她的资产取得了 10% 的年化收益率。经过计算，她将在第 12 年攒够 100 万元，比原来提前了 8 年。

假设四：本金、结余、投资收益率均增加。小丽一共有 30 万元本金，每年结余 6 万元作为定投资金，投资的年化收益率为 10%，那么她在第 6 年就基本实现了目标，比原来提前了 14 年。如果她继续保持此积累速度，在 21 年后，她的资产将会超过 570 万元，是原来计划的 100 万元资产的 5.7 倍。

由表 3-3 可知，小丽的本金、每年结余、投资年均收益率这三项指标都直接影响了她百万目标的实现速度，如果这三项同时优化，将迅速实现目标。

表 3-3　小丽的资金增值方案

增值方案	初始本金（万元）	每年结余（万元）	投资年均收益率（%）	何时实现百万目标（岁）
原计划	10	3	3	47
假设一	30	3	3	42
假设二	10	6	3	39
假设三	10	3	10	39
假设四	30	6	10	33

三、你离百万财富还有多远？

根据前文可知，提高投资效率，尽快开始"钱生钱"，需要改善以下三个要点：本金积累、结余金额、投资收益率。

（一）装满第一桶金，尽早迈入财富积累阶段

没有从 0 到 1，就不会有从 1 到 100，也许前期的积累是艰难的，但从无到有的突破和坚持，对于未来人生的每一个里程碑来说都是意义非凡的。要想让第

一桶金装得更满，我们要努力提高赚钱能力。根据她理财的智能理财服务数据，我们发现那些百万财富的拥有者共有的特征就是收入较高，他们的平均收入分别是起步阶段、积累阶段和成长阶段人群的 5.5 倍、1.7 倍和 1.6 倍。两个结余率同为 40% 的人，一个年收入 50 万元，另一个年收入 10 万元，前者每年可以结余 20 万元，而后者只有 4 万元。哪怕不进行其他投资，前者只要 5 年就能实现百万资产的目标，后者则需要 25 年。

（二）做好节流，会挣钱更要会攒钱

财富就像一个蓄水池，无论入水管水流多大，不控制好出水管的流量，池子总是存不满水的。我们的生活就是一个不断为自己蓄水、永远向往充实的状态。赚到的钱是一个不确定的"流量"值，"流量"最重要的部分其实是"增量"。比如你这个月赚了 5000 元，但生活费花了 5000 元，一分钱没剩下，甚至你花了 7000 元，反倒入不敷出了。所以，只有做好收支预算，努力提高结余率，才能真正攒下钱来，这才是一个确定的"增量"。

（三）科学理财，有效投资，提高资产的收益率

只有让财富增长曲线的斜率不断增加，才能看见财富人生的漂亮弧线。而如何提高投资收益率就是一项非常复杂的课题了，这其中既有通用的方法，也需要专业的知识，当然更少不了个性化的自我检视。需要建立对金融市场和投资产品的全局观，完善对投资产品和投资方法的认知，并针对行情的变化和当下的热点做出即时的分析和自我调整。在其中，我们要关注每一个细节，深入学习并掌握其中的技巧，并从自我实际情况出发不断实践操作。我们要不断总结，思考以下问题：如何构建自己的投资体系？如何选择投资品？如何择时入市？如何在风云变幻的市场中存活下来？如何提高投资收益率？

根据以上的自测方法，你可以估算一下：自己离百万资产还有多远？

◆ 第二节　拥有百万资产的人，有这三个特征

前面我们帮大家算出了自己离百万资产的距离，即由本金积累、结余金额、投资收益率三个因素可改善空间决定。我们也留下了几个问题，其中就包括如何

构建投资体系、如何提高投资收益率。

要回答这些问题，我们不妨先把目光聚焦于目标——百万资产本身，那些已经拥有了百万财富的人们，他们在投资思维上是否有一些共同的特质，引领他们更快地获得财富？

我们仍然通过此前的智能理财规划服务数据分析，来探寻其中的"财富密码"。

一、资产配置中的风险偏好选择

对于"有钱人"，我们往往喜欢追本溯源：他们的钱都是从哪来的？他们把钱放在哪了？因此，我们对使用理财规划服务的投资人群进行了分析①，具体如表 3-4 所示。

表 3-4　不同财富阶段人群各类资产投资占比

财富阶段	人均投资额占比（%）		
	低风险资产	中风险资产	高风险资产
起步阶段（0~6 万元）	60.63	34.83	4.54
积累阶段（6 万~30 万元）	52.78	40.06	6.54
成长阶段（30 万~100 万元）	45.99	41.26	12.75
增值阶段（100 万元以上）	40.05	42.31	18.63

从表 3-4 中我们可以发现以下的配置规律：投资者所处财富阶段越高，对于风险的主观态度就越积极，也就越多地配置中高风险资产。详细来说，处于财富起步阶段和积累阶段的人群，投资主要以银行活期存款+银行定期存款+货币基金+银行理财产品+国债等低风险资产为主，投资风格相对保守，投资方式也较为单一；而处于财富成长阶段和增值阶段的人群，投资配置比较均衡，其中股票、基金等中高风险资产更是占据了一定的比例。

由此，我们也将风险偏好分为两类：中高风险偏好和低风险偏好。其划分标准为：中高风险投资额/金融总资产额≥50%，为中高风险偏好；否则，为低风

---

①　选取 2016~2019 年的数据，在这期间使用理财规划服务的用户共 7 万名，在合法合规前提下，采集用户填写的年龄、金融资产持有金额、金融资产配置数据。

险偏好。从数据中可以看到，拥有百万资产的人群中，大部分人是乐于拥抱风险、积极对待风险的。

从图 3-2 可以看到，手里可支配金融资产多的投资者，更愿意主动拥抱风险，在投资品的选择上也不过分保守。

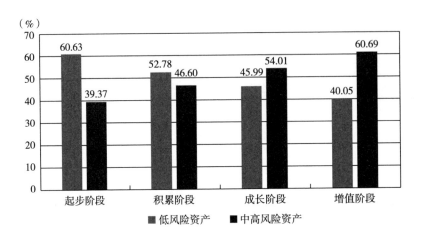

图 3-2　不同财富阶段人群的风险偏好

但有人会质疑，身边很多人选择了股票、基金等中高风险投资，却都以亏损收场了，所谓的"高风险高收益"是不是真的存在？那么我们来看看近些年高风险资产的回报率究竟如何。表 3-5 是 2006～2020 年我国各类投资产品收益情况（基金收益选择行业平均数）。

表 3-5　2006～2020 年各类投资产品收益情况　　　　单位:%

年份	定期存款	货币基金	债券基金	股票基金	沪深 300 指数	黄金	平均值
2006	2.52	1.89	14.94	122.63	125.23	19.31	47.75
2007	4.14	3.36	18.22	128.33	163.28	22.40	56.62
2008	2.25	3.56	6.46	−51.42	−65.61	−2.25	−17.83
2009	2.25	1.41	5.04	71.17	98.58	28.25	34.45
2010	2.75	1.82	6.90	−0.28	−11.58	23.44	3.84
2011	3.50	3.55	−2.89	−24.53	−24.05	5.96	−6.41
2012	3.00	3.97	6.22	5.45	9.80	4.60	5.51

续表

年份	定期存款	货币基金	债券基金	股票基金	沪深300指数	黄金	平均值
2013	3.00	3.95	0.61	10.13	-5.33	-29.31	-2.83
2014	2.75	4.60	18.48	29.39	55.85	1.75	18.80
2015	1.50	3.62	9.93	34.67	7.22	-7.37	8.26
2016	1.50	2.61	-0.35	-10.73	-9.26	18.42	0.36
2017	1.50	3.84	1.65	10.63	24.25	3.45	7.55
2018	1.50	3.75	5.42	-23.17	-23.64	4.25	-5.31
2019	1.50	2.66	4.22	41.09	39.19	19.75	18.07
2020	1.50	2.13	3.26	44.54	29.89	14.44	15.96
15年累计收益率	41.49	58.31	152.30	896.09	635.33	192.03	329.26
复合年化收益率	2.34	3.11	6.36	16.56	14.23	7.41	8.33

注：①"定期存款利率"是指中国人民银行1年期（整存整取）利率；②"货币基金"选取所有货币型基金与理财债券型基金（不含货币ETF）；③"债券基金"选取中证债券型基金指数；④"股票基金"选取中证股票型基金指数；⑤"沪深300指数"选取沪深300全收益指数（沪深300指数+分红）；⑥"黄金"选取上海黄金交易所Au99.99现货实盘合约。

资料来源：Wind。

假设一个人在2005年底有100万元可支配的金融资产并进行投资，那么15年后，他的资产在复利方式计息下，大概是这样分布的：

如果全部选择投资银行一年期定存，2020年资产大约为141.47万元；

如果全部选择投资货币基金，2020年资产大约为158.31万元；

如果全部选择投资债券基金，2020年资产大约为252.16万元；

如果全部选择投资股票基金，2020年资产大约为995.96万元；

如果全部选择投资沪深300指数，2020年资产大约为735.70万元；

如果全部选择投资黄金，2020年资产大约为292.19万元。

作为中高风险代表的股票和股票型基金，它们的累计收益远远跑赢了其他低风险投资品。

那么为什么大部分人在股市或基金中没有赚到钱？需要强调的是，虽然高风险投资长期看可以带来非常不错的回报，但高风险不必然等于某一时段的高收益，如果投资方法和操作方式不对，就会出现"只经历了风险，没得到收益"的惨烈结果。进一步说，如果不能正确认识和选择投资品，面对风险时，不仅收益为零，可能还会面临着本金的损失。

我们要遵守的投资法则是：敬畏风险，但不拒绝风险；勇于前进，但不能盲目冒进。

二、分散投资与多元化配置

根据表3-5各类投资产品收益情况，大家可以清晰地看到各类资产的回报情况。虽然高风险投资的15年累计收益很高，但每年的波动也是巨大的，动辄20%甚至60%的亏损。加之很多单一投资股票的人都是高点入市低点"割肉"，最后整体收益率并不是很高。但如果能够分散配置资产，就可以在风险与收益中找到某种平衡。

还是选取参与理财服务的人群数据分析各个财富阶段人群的产品配置数量，如表3-6所示，可以发现财富成长阶段和增值阶段人群的投资品种选择更为多元化。

表3-6　不同资产量级的投资品配置数量

财富阶段	人均投资类别数量（类）
起步阶段（0~6万元）	3.0
积累阶段（6万~30万元）	3.9
成长阶段（30万~100万元）	4.3
增值阶段（100万元以上）	4.5

可以看出，资金越是丰厚的人，越是倾向于分散投资和多元化配置。从表3-5中也可以看出，如果2005年底把100万元平均分配到几种不同类别的投资品中，15年间除了个别年份的小幅回撤，大部分的时间都能获得收益，且收获颇丰。15年累积下来，一共取得了约329.26%的增长率，复合年化收益率达8.33%，与其他单一投资相比，成果也是非常可观的。

从上面的分析我们看到，也许每位投资者在具体投资品配置比例上各有不同，但利用多种投资工具、对投资品进行整体考虑的策略，却是百万财富进阶路上共通的法则。

她姐说：

"有钱人"的分散投资和多元化配置，不仅是因为他们有更广阔的眼界，而且必然有具体知识层面上的扎实技巧作支撑。所以，我们要遵守的法则是：对整个市场都抱有热情和兴趣，对各类投资品都有认知，做好资产的分散配置，无论经历怎样的风云变幻和牛熊穿越，都能有一片为自己抵挡风雨的乐土。

三、成功投资，离不开心态的稳定和能力的精进

通过投资大数据，我们看到了资金量较多的投资者在投资中的风险偏好和多元化投资策略，而在漫漫的财富之路和残酷的市场中，面临同样的风险环境，最后真正能赚钱的人往往能承受得住更多硬实力的考验。

（一）高风险环境中，心态比拼稳者胜

选择了中高风险投资，就意味着要有一颗坚强如铁的心，能够在更猛烈的市场波动中做到"我自岿然不动"。

成功投资者的经验是：保持冷静，抓住机会，减少犯错。

投资的大忌是冲动，既不能在赚钱时蒙眼狂奔，也不能在洪水来临之前自我倾覆。拥有百万资产的成功者，他们的赚钱思维往往是提早布局、稳定心态。虽然没有人能准确预测市场波动，但增长的行情、热烈的市场总会到来，早早布局的人，在未来的5~10年会拥有数倍的资产增值机会。巴菲特所说的"在别人贪婪时我恐惧，在别人恐惧时我贪婪"正是这个道理。

（二）不断变化的环境中，技术过招强者胜

做投资，要有一双能够识金的慧眼，这往往会是成功的关键。然而投资领域纷繁复杂，每一分每一秒都有新的变化，不存在某种技能可以无限通吃，也不会有故步自封还永远赚钱的人。

成功投资者的经验是：持续学习，知识迭代，技能提升。

市场在不断发展，规则和产品也在迭代创新，只有每一步都踏实跟上，才能在财富之路上不掉队，才能用更快的脚步追求更高的收益。无论是大名鼎鼎的巴菲特、达利欧、彼得·林奇，还是身边登上财富高峰的普通人，都是靠在市场中持续学习来获得收益的。

普通人如何像百万资产的人那样获得更高的收益？正如刚才所讲，稳定的心态我们一起修炼，专业的能力我们慢慢学习。

◆第三节 构建投资产品的全局观

随着金融行业的不断创新，我们接触到的投资产品种类也越来越多。然而，面对五花八门的投资产品，究竟如何看清产品本质？如何选择才能尽可能规避风险并最大程度赚取收益呢？这就需要我们对市场上的投资产品有客观清晰的认识，从产品本质中挖掘财富。

下面，我们就自上而下、由表及里地带大家来构建投资产品全局观。

一、投资产品三要素——流动性、收益和风险

投资是为了获利，获利就有风险，获利过程其实就是钱的流动。认识一个投资产品，要从流动性、收益和风险三个方面出发。

（一）产品的流动性

投资本身其实就是钱在市场上的配置和流动，那么投资产品变现的速度和效率在某种程度上就是流动性。流动性好的产品，意味着投资者可以快速、高效地收回自己的钱，如银行活期存款和货币基金，随时可以取用。流动性差的产品，意味着投资者的变现需求可能要一段时间才能实现，如房产，并不是随时都能变成现金拿到手里的。当然，同一产品的流动性也不是一成不变的，如银行三年期存款，如果投资者愿意随时舍弃定存的高利率来实时变现，它的流动性就可以变得更好。

（二）产品的收益

收益往往是投资者最关注的产品指标，也是对一个产品优劣与否最直接的认知来源。产生收益的最大功臣是时间，纵向来看，期限越长，收益就会越多，这也就是我们说的"复利的威力"。

在对比不同产品的收益高低时，我们选取的指标通常是年化收益率。比如，"银行1年期定期存款利率1.5%""货币基金7日年化收益2.7%""基金收益20%"等，表达的都是产品的收益。

（三）产品的风险

我们常听到一句话："市场有风险，投资需谨慎。"还有一句话："富贵险中

求。"它们的意思都是投资品在带来收益的同时必然有风险，这也是投资最本质的特点。实际上，高风险并不一定意味着绝对的高收益或者巨大损失，而是代表着一种不确定性。风险越大，未来的不确定性就高。不同产品的风险不同，股票、期货等权益类产品的风险较高；而银行存款、国债等债券类产品的风险较低。

（四）投资产品三要素的"不可能三角"

我们每个人都希望有这样一种投资品：收益高、风险低、流动性还好。但是，一个能为投资者提供高收益的产品，一定也同样要求投资者回报同等的风险和流动性补偿。否则，既保证你可以毫无风险地挣钱，又时刻满足你取钱的要求，那设计和管理这个产品的人，又图什么呢？投资产品三要素既独立又统一，任何投资品都不可能同时满足收益性、风险性和流动性，当然也不可能在三方面都一无是处。

既然投资产品三要素的关系存在这种"不可能三角"，我们在评价一款投资品时，就要把三要素作为一个整体来考虑，它们三要素之间的关系如下：收益与风险呈正相关，即收益性越高，风险性越高；流动性与收益呈负相关，即流动性越好，收益性越低；流动性与风险呈负相关，即流动性越好，风险性越低。

表3-7对主流投资产品的三要素情况做了总结，供大家参考。

表3-7　主流投资产品的流动性、收益、风险及投资门槛

投资品类	流动性	预期收益	风险	投资门槛
传统银行储蓄	强	低	低	低
国债	适中	较低	低	较低
货币基金	强	低	低	低
银行理财	适中	适中	较低	较高
权益类基金	适中	较高	较高	较低
股票	强	高	高	较高
黄金	适中	适中	高	较低
房产[①]	差	不确定	高	高

注：①准确地说，房产不是投资产品，而是资产配置工具。在现有的房"只住不炒"的政策下，房地产投资属性弱化，但在家庭资产配置方面，它依然可作为资产配置工具进行分析。

二、自上而下的认知框架——不同投资产品所属类别

了解了投资产品三要素,在分析一款投资产品时就能快速了解它的特点了,但只了解三要素并不够,还要对产品进行类别上的划分,帮助我们从整体上梳理投资产品的认知框架(见图3-3)。

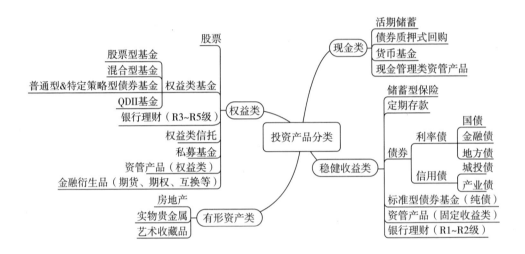

图3-3 投资产品分类

注:①图中的"房地产"近年来投资属性弱化,仅作为资产配置工具使用。②图中各类资产仅作为金融资产类别的客观阐述,不作为投资决策依据。

从产品形态和市场投向两方面综合来看,我们可以把投资产品分为四大类,即现金类投资品、稳健收益类投资品、权益类投资品和有形资产类投资品。

(一)现金类投资品

现金类投资品代表产品:活期储蓄、货币基金、银行活期理财产品、国债逆回购、现金管理类资管产品等,具有期限短、流动性强、风险相对较小等特征,投资期限一般在一年以内。

(二)稳健收益类投资品

稳健收益类投资品代表产品:定期存款、债券(国债)。该类投资品收益并不高,但胜在稳定性好,风险也相对较低,到期投资收益一般以提前约定的利率计算。

（三）权益类投资品

权益类投资品代表产品：股票，股票型、偏股混合型基金，指数基金等。该类投资品是投资于权益市场的资产，一般来说具有风险较高、收益不固定且波动性强、风险溢价较高等特征。

（四）有形资产类投资品

有形资产类投资品代表产品：房产①、实物黄金、艺术收藏品等。有形资产，顾名思义就是以实物形式呈现的资产，它们普遍具有流动性差、收益不确定、风险较高、单价较高等特征。这类资产对于普通投资者来说难度系数较高，有一定进入壁垒。

三、选择投资产品，就是选择一种投资体验

构建了立体化的投资品认知框架后，接下来就要落脚于具体的产品选择了。如何选择好的投资产品？这显然没有一个固定的答案，因为每个人对产品的感知是不同的，但相同点在于：选择投资产品就是选择一种体验，我们追求的是在体验过程中把自己的"投资满足感"最大化。有人认为投资满足其实就是最后获得的收益，却忽略了在收益取得的过程中所经历的波动。

我们以 2006～2020 年各资产收益的数据为基础做个简单分析。图 3-4 是六种投资品的收益走势。

从图 3-4 可以看出，高风险类投资品的收益情况较好，坚持投资该类别的人最后能够获取令人羡慕的收益。然而，它们在这 15 年中的波动体验如何呢？图 3-5 选取了三个不同风险的产品——定期存款、债券基金和股票基金，做了一个收益波动对比。

从图 3-5 中能够看到，股票类投资的收益波动巨大，很多人在等待收益的过程中也经受着巨大的情绪波动和心理考验。挺过去了，15 年后能获得年均近17% 的复合收益。而更多投资者没挺住，得到的就是大幅亏损，只能挥泪割肉。低风险的投资品种，则在长期的过程中保持了稳定的趋势，避免了市场的猛烈冲击。

---

① 房产属于有形资产，由于国家政策，近年来其投资属性弱化，仅作为家庭资产配置工具使用。

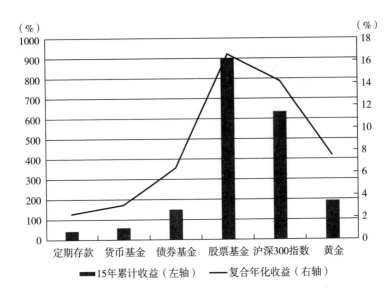

图3-4　各类资产累计收益率和复合年化收益率对比

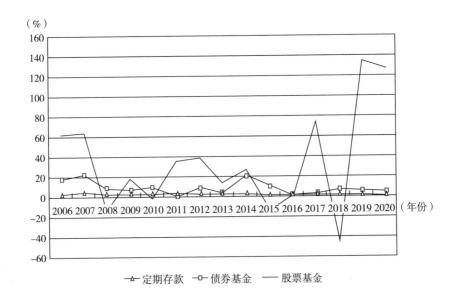

图3-5　各类风险资产收益波动曲线

所以选择投资产品时，不应该唯收益论，而应该根据自身情况，选择一种相对能够承受的体验，从全局上提升自己的满足感。我们建议将以下两点作为产品选择要点：

（一）以流动性为出发点

投资的目的是为了让财富增值，进而让生活质量变得更好，而不只是一味地追求高收益率，所以我们在选择投资产品时，要优先考虑这笔钱在自己人生计划内的用处和时间安排，由此去确定它的可投资期限。如果是年轻人的养老金投资，那么可以在相对长期的范围内做选择；如果是给孩子一年后交兴趣班费用，就要考虑在彼时有资金流需要时这笔钱的变现效率。

进一步说，如果是一项长期资金规划，流动性需求不高，就可以对产品的收益提出更高的要求，也就获得了更宽的选择范围；相反，如果这笔钱在短期内要用，如年底交房子的首付，那么无论短期内出现了什么样的波动，哪怕是大幅亏损，也要在变现的那一刻选择接受。所以，短期内需要变现的钱，就不要去选择高风险的投资品了。

只有优先规划钱的流动性需求，才能真正让投资为我所用，也能在产品选择时有的放矢，更加从容稳健。

（二）以风险承受力为底线

前面已经讲到，同样是10%的期望年化收益率，有人愿意短期内承受巨大的波动，选择全都拿来购买股票，有人则愿意长时间购买稳健收益产品，并适当配置股票型基金，这就是金融学中的"风险偏好"不同。不同风险偏好的人，在资产价格出现大幅波动，甚至发生实际亏损时，展现出来的态度也完全不同。风险偏好型的人，面对熊市的巨亏也可以重整旗鼓；而同样的情况让风险厌恶型的人遇到，也许就此一蹶不振了。

在选择投资产品时，如果产品没有正确匹配自己的风险承受能力，最后很可能得到令人意想不到又无可挽回的后果。回归"投资是为了更高的生活质量"这一初衷，我们一定要做好风险管控，铺好自己的安全垫，不要因为风险选择不当而落入泥淖。

她姐说：

对于科学投资而言，除了需要正确认识投资产品的细节特点，还需要重视自己的投资体验。只有从主观、客观两个方面构建了投资产品的全局观，才能找到与自身期望相符的投资组合，做出和自己意气相投的投资选择。

◆ **第四节　认识你所在的市场**

　　投资不仅是"懂技术"就能搞定的事儿，还离不开我们身处的市场环境。顺应市场，在繁荣期高效率赚钱，在不景气时也能稳妥安身；若在市场中逆行，只会在别人赚钱时你赔本，在波动起伏时直接被踢出局。那么，该如何把握市场的脉搏从而踏准投资节奏？当下的市场又如何？我们需要从宏观的认知框架上做一个梳理。

一、认识市场，决定投资行为

　　说起投资，相信很多人觉得自己一再与机会失之交臂，比如，有人后悔自己的股票没有拿住，毕竟过去 15 年以来，A 股的平均收益率翻了四五倍，而自己却是"一顿操作猛如虎，最后赔了两万五"。

　　可见，在过去指导我们真正做出投资决策的，都是我们对市场趋势的一种曲解，因为我们没有理性认识市场的情况和变化，仅仅靠着自己的想象，就带着钱袋子一次次地往"坑"里跳。结合上述例子，我们甚至可以这样说，过去十年中，买股票赚钱是市场本身决定的，你没赚到钱就是没真正看懂、没理解这个市场。

　　有人可能会问：市场不是无法预测吗？我们怎么判断市场趋势？从短期上，市场充满不确定性，我们无法择时进行低买高卖。然而从长期来说，市场又是可以预测的，因为整个经济系统呈现阶段性的扩张—收缩—扩张的交替，也就是经济发展会经历过热—滞涨—衰退—复苏的周期。如果你听过"人生致富靠康波"这句话，"康波"说的就是这个长周期。

　　康波周期理论是俄罗斯经济学家康德拉季耶夫在 1926 年提出的。他分析了英国、法国、美国、德国以及世界经济的大量数据后，发现发达商品经济中存在着一个为期 50~60 年的长周期。其中，前 15 年是衰退期，接着 20 年是大量再投资期，在此期间新技术不断被采用，经济快速发展，迎来繁荣期，后 10 年是过度建设期，过度建设的结果是 5~10 年的混乱期，从而导致下一次大衰退的出现。

在完整的50多年康波周期中，个人最多只有三次机会得以分享产能与技术革新周期的红利，从而实现财富增长。如果每一个机会都没抓到，一生实现财富自由的机会就没有了，康波周期理论告诉我们，投资就要选择那些在大周期上的资产，而忽略短期出现的波动，跟随经济的调整做投资，就不会犯大错误。

我国研究康波周期的著名经济学家周金涛，曾经成功预测过2007年次贷危机，他也曾按照康波理论推算出2019年中国资产价格将持续下降，也就是说从那时起，又将是人生中的一次致富机会。我们暂且不论他对具体年份的预测是否准确，但对我国目前的经济周期阶段进行仔细分析，是有助于对投资方向做出判断的。

二、不同的经济周期对投资有何影响

了解了经济周期的概念，就要说到经济周期是如何指导投资的。具体来说，就是在不同的经济周期里，买什么才能获得更高的收益。这里我们要向大家介绍美林时钟，它将资产轮动及行业策略与经济周期联系起来，把不同经济阶段中的资产配置侧重点以钟面形式呈现。

美林时钟将经济周期划分为四大阶段：衰退—复苏—过热—滞胀；将资产类别划分为四个大类：债券、股票、大宗商品、现金。在一轮完整的经济周期中，当经济从衰退逐步向复苏、过热方向循环时，债市、股市、大宗商品的收益依次领跑大类资产。具体轮动如图3-6所示。

根据美林时钟，我们不难发现：在衰退期，经济下行，产出缺口减少，通胀下行，货币政策趋松。此时，债券资产表现最突出。资产配置顺序应当是：债券>现金>股票>大宗商品。

在复苏期，经济上行，产出缺口增加，通胀下行，经济转好，企业盈利改善。此时，股票资产获得超额收益的效果最为明显。资产配置顺序应当是：股票>债券>现金>大宗商品。

在过热期，经济上行，产出缺口增加，通胀上行，增加了现金的持有成本，同时加息也降低了债券的吸引力。此时，商品资产受益于通胀的上行，明显转向牛市。资产配置顺序应当是：大宗商品>股票>现金/债券。

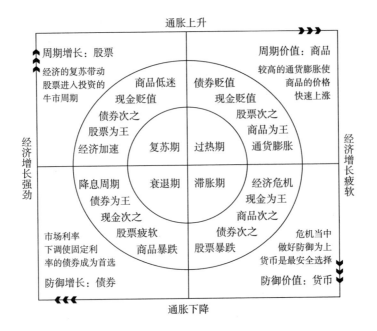

图 3-6　美林时钟资产轮动

在滞胀期，经济下行，产出缺口减少，通胀上行，对企业盈利形成拖累，对股票构成负面影响。此时，是现金为王的阶段。资产配置顺序应当是：现金>债券>大宗商品/股票。

如果你能正确判断出目前所处的经济周期阶段，及时调整投资配置侧重点，顺势而为，就能很好地避开该短期阶段性的利空资产。不仅如此，明确经济周期除了有效避险外，它还能指导你将经济周期阶段与资产回报率相关联，帮助你发现当下的价值低洼地，有利于指导投资。

看到这里你肯定会问：那我们现在处于什么样的市场阶段？回过头来观察近五年的国内经济发展状况，我们发现，宏观经济增速数据虽然尚可，但增长速度是有所放缓的。加上内外部的各种因素和"黑天鹅"事件，市场全面复苏还需要一定时间。但也正因为如此，权益市场的估值处于底部区间，从中长期来看，持续下跌的空间较小，上涨空间较大。所以，此时的资产布局就必然要考虑低估值的权益类市场了，长期的安全垫较高。根据风险偏好做好投资组合，才能正确应对短期的波动。

三、如何在市场中顺势而为？

前面我们提到，对于个人来说，单独或集中持有某一类资产会造成风险的集中，需要分散投资来规避这种个体的小范围风险。建立了市场全局观之后你会发现，在市场的风云变幻和周期轮动中，同样需要打造攻守兼备的投资组合，在不同大类的资产中做均衡配置，才能顺应经济大势。

落实到具体的投资品种，大家可以参考以下几类：

（一）固定收益类投资打破刚性兑付，更加合规化

过去的固定收益类投资几乎都是刚性兑付的，风险由平台自行兜底。而现在政策监管和行业整顿已经清晰化，无论是银行理财、信托、债券，都受到规则的严格约束，彻底打破刚性兑付。随着合规化的推进，固定收益类投资的收益回落是不可避免的，对于有长期资产增值目标的投资者，可提前买入长期限的固收产品，锁定当前较高回报率。

（二）权益类投资可逐步进场，获取更多的廉价筹码

A股的估值处于历史底部区间，股市政策环境也在改善，在底部捡筹码无疑是个好时机，待市场好转时，超额收益可期。然而短期市场波动无法预测，可选择定投的方式逐步进场，在价格探底的过程中适当加仓。至于行情如何上行？能够肯定的是，牛市只会迟到，但从不缺席。

（三）寒冬之下，酌情选择黄金取暖

全球经济整体上处于下行区间，世界范围内政治环境不稳定因素较多，加之"黑天鹅"事件的突袭，从避险情绪升温的角度说，适当配置黄金等贵金属资产也是有必要的。但由于黄金投资本身具有较高的风险特性，所以不应该成为重仓持有的投资产品。

（四）构建安全屏障，做好风险防范

投资不是冒险，构建投资组合也不是多场所下注，特别是在经济下行阶段，保证有足够厚的安全垫显得尤为重要。无论你的投资策略如何，前提都应该是做好本职工作、留出紧急备用金，以防范未知的风险。同时，也需要完善自身的保险配置，全方位构建安全屏障。

总的来说，正确认识市场，能够帮助我们把握经济发展的节奏。站在当下看过去，我们每个人都可以表现得像个智者；而站在当下看未来，则需要树立理性

的全局观才能不焦虑。只有与周期为友，与市场为伴，才能在经济洪流的激荡中自信而不盲从。

◆ 第五节　建立一套扎实的投资体系

了解了理财投资对于个人财富的意义，并且从全局角度树立了产品观和市场观，可是身处纷繁复杂的经济环境中，该如何把这套投资理念落实到个人的财富实践中呢？下面我们介绍该如何建立一套扎实的投资体系。

一、判断市场，决定整体投资策略

在前面的内容中，我们已经学会了如何判断当前的经济周期，并根据市场趋势来选择资产大类。在建立自己的投资体系时，第一步就是先判断所处的市场环境，再根据市场趋势来总体布局投资策略：用现金类资产管理好流动性，用固收类资产稳住风险，用权益类资产锁定未来收益。

二、选择投资品种，打造全面投资组合

"鸡蛋不要放在一个篮子里"的道理大家都懂，接下来的任务就是要决定选择哪些篮子，每个篮子里放多少鸡蛋。在决定了要投资的几个大的资产类别之后，我们要确定它们的配置比例，也就是打造全面的投资组合。但市场上的投资品纷繁复杂，如何挑选具体的投资品种？这主要取决于你对这些投资品的熟悉程度、产品自身的风险性以及你自己的风险承受能力。

（一）要选择自己熟悉的投资品

有的人觉得固收类投资就是选债券，而当自己还分不清利率债和信用债的区别时就购买；有的人觉得权益类投资就是买基金，却在不知道基金类型时就果断下手。你对它们是否熟悉，大概率决定了日后它给你带来回报的丰厚程度。

（二）要了解投资品的风险属性

在一套投资组合中，具体投资品种的配置比例是由产品自身的风险性决定的，配置后的风险水平要符合你自己的风险承受能力。比如，同为固收类产品，

国债、企业债券具有不同的风险；同为权益类产品，个股投资就比指数基金投资有更大的波动可能性。对于投资者来说，应该先认清自己的风险承受能力，之后再去寻找与之匹配的投资品类别，继而确认各种投资品的配置份额。

三、选择组合内的具体产品，分散彼此间的相关性

构建投资组合，是不是每个投资类别买一个产品就好了呢？当然不是。犹如你去商场买衣服，决定了买裙子，也认准了品牌后，你还要仔细挑选颜色、款式，做好整体搭配，价格还要合适才能下手。投资也是如此。我们要具体解决"买哪些"的问题，为每一种投资类别挑选合理的产品组合。合理的产品组合，是进一步平滑风险，即在每一个投资品类中挑选一组相关度低的产品。

比如，在权益类投资中我们选择购买股票型基金，但如果单买一只基金，或者选择了相关度高的几只基金，实际上还是集中在"同一个篮子"里。再如，沪深300指数基金和上证50指数基金，其成分股中有很多重合，基本上是同向波动的。又如，专注投资医药行业的A基金和B基金，其本身的投资方向没什么区别，属于同一领域，具有同一性。

也就是说，构建投资组合对资产进行分散配置，重要的不是产品数量上的分散，而是相关性上的分散。就好比，当风浪来临时，我们为了给自己多留后路，可以准备很多条船，但千万不要把船都紧紧地连在一起。

四、根据自身需求，决定出手时机

构建好投资组合之后，就已经完成了战略上的决策，而如何选择战术，也是非常重要的。对于确定要投资的标的，是选择一次性投入还是定期分批投入？定期投入是选择定时定量，还是根据彼时市场情况不定量？对于不同的投资标的，是制定止盈策略还是止损策略？

上面的这些问题有时候取决于投资品种。比如，投资固收类的产品，就比较适合一次性投入，因为其本身的风险不在于择时，而在于实际的投资运作和底层资产的风险；权益类投资更适合定期投入，因为价格是实时波动的，我们通过分散时点来降低入市时机带来的风险；基金定投更适用于止盈策略，而单只的股票投资在特定的时候是必须要止损的。

当然，投资策略有时候也取决于当下市场环境和个人资产条件的变化。比

如，短期内政策变化给债券市场带来利率波动时，可以由大额投入改为逐步小额进场；个人突变的流动性需求和财务状况，可以使原来的定期投资计划变成某一次的累计投入。

五、定期检视，随时准备动态调整

在建立投资体系、确定投资组合后，并不代表可以一劳永逸，随时做好风险控制、定期复盘，是成熟投资者一直在做的事。一般来说，我们可以三个月为周期做一次资产检视，并相应地做出动态调整。千万要记住，动态调整的出发点，一定是为了控制风险，而不是出于心态上的焦虑。

她姐说：

投资并不是一件容易的事，需要我们既能从宏观上选择顺应市场的投资标的，又要从微观上根据自身风险水平和具体情况做出细节上的调整决策。其中，有几点需要大家注意：

（一）预期收益范围意味着什么？

收益范围的估算应该根据自己每项投资品类的比例计算得出，同时也从侧面反映出投资的风险程度。这里需要注意的是这个范围的下限数值，如果你的投资组合有比较高的风险系数，预期收益可能会出现负值现象。毕竟风险越高，理论上投资出现浮亏甚至发生实质性亏损的可能也很大。

另外，有些人对自己的投资组合抱有非常大的期望，希望年均收益率能够达到20%以上，这种收益目标本身就是非常不现实的。根据目前我们所处的经济周期和市场环境，市场还是处于持续的震荡行情中，这种情况下的收益目标应该适当调低。

（二）流动性意味着什么？

前面我们也说过，流动性是反映资产变现所需要时间或难易程度的指标，它应该是构建资产组合的出发点。看一下你的资产中灵活变现、固定期限、长期持有三种投资的比例，看看是否符合你对这些钱的不同流动性需求，有没有把计划养老的那部分钱全都放在了可灵活变现的资产中？是不是把明年孩子上学的钱错投在了股票这种应该长期持有的产品中？

（三）如何进行方案调整和优化？

分析之后，我们对自己的资产分配更有数了，那么自己要调整和优化的目标就是：稳定风险等级、提高预期收益。如何在自己现有的财务状况下达到这个目标？大家可以结合前面讲到的建立投资体系的步骤，自行做一份改进计划，并逐步形成对自己更有利的投资方案。

第四章
现金管理：
财务健康的基石

◆第一节　手里有活钱，遇事不慌张

一、什么是现金管理

日常生活中，大家可能会遇到"钱到用时方恨少"的窘境。很多时候，造成这种窘境的原因并不是因为真的没钱，可能是买了有封闭期的理财产品，钱取不出来，也可能之前买的股票或者基金被暂时套住了等。为了能从容应对计划内和计划外的花销，现金管理就是必不可少的一步。

现金流入主要包括以下三个部分：

（1）经常性现金流入，对于普通"上班族"来说就是每月的工资和奖金。

（2）投资性现金流入，就是之前用于投资的资产所带来的收入，如房租、存款利息、股票股息等，这部分钱既可能是定期产生的，也可能是不定期产生的。

（3）计划外现金流入，如保险金赔付、领取的失业金、房子拆迁款、获得他人赠予等。与前两种流入不同，第三种流入往往是计划外的收入。

现金流出也分为三个部分：

（1）日常开支，即衣食住行产生的支出，这些生活必需支出每月都会固定产生且数额基本变化不大。

（2）大宗消费支出，如买房、买车、家庭装修、外出旅行、子女教育费用等。

（3）意外支出，如突发疾病或意外事故产生的医疗费用等。

用现金流入减去现金流出，就得到了现金的结余。这部分结余的钱既要留出一部分应付以后的灵活开支，又要拿出一部分作为投资来使财富增值。而这前半部分要留用的活钱怎么放，就是我们要讨论的现金管理。

她姐说：

总的来说，现金管理就是对活钱做好规划和分配，既能应付短期内的灵活开支，也要产生一些收益，充分提高资金的利用率。

二、存好备用金，遇事不慌张

现金管理的首要目的是保证能有足够的钱应付计划中和计划外的现金支出。

（一）为计划中的事预留专项备用金

对于计划中且短期内要用的钱，如下个月给孩子支付的学费、一个月后朋友结婚要随的"份子钱"等，我们要提前留出一笔专项备用金。由于用钱的时间是固定的，所以在选择理财产品时需留意，到期日不要紧卡着用钱的时间，应尽量留出周转时间。

（二）为计划外的事项预留紧急备用金

紧急备用金是为了应付生活中的那些不时之需的，从理论上说，应留出 3~6 个月的日常支出金额。比如，每个月家庭开销 8000 元，则备用金的储备金额应为 2.4 万~4.8 万元。当然，这只是一个区间，大家可以根据自己的实际情况进行调整。比如，如果你的收入和支出一直比较稳定，手里也有一两张信用卡随时可用，投资产品也多以流动性较好的产品为主，那么按照 3 个月支出总额储备就可以；如果你的收入波动较大，平时还经常有额外支出，或者正处于换工作、创业等阶段，则应按照 6 个月甚至 1 年的支出总额储备比较合理。

她姐说：

要注意，紧急备用金说不上哪天就可能用到，所以在存放时我们一定要优先考虑它的流动性，做到能随取随用，其次才考虑收益。

◆ 第二节　活钱放哪里收益更高？

　　既然现金管理的首要目标就是保证其有足够好的流动性，因此我们在存放这笔活钱时，就要选择流动性好同时风险也更低的理财产品。有哪些理财产品比较适合存放活钱？

　　（一）银行活期存款

　　银行活期存款的安全性和流动性都是无可挑剔的，储户可以随时存取，但缺点也显而易见，即收益极低。

　　（二）货币基金

　　我们熟悉的余额宝，其底层产品就是货币基金。货币基金主要投向货币市场工具，如国债、央行票据、政府短期债券、同业存款等短期有价证券，所以它的风险极低，流动性很强。货币基金的收益比银行活期存款高一些，但会随市场利率有所波动。目前，货币基金普遍年化收益率在 1.5%~3%。如果你用 10 万元买了货币基金，一年平均的收益率为 3%，那么一年后可以得到 3000 元利息。另外，买卖货币基金一般都免收手续费，门槛也很低，1 元就能投，比较适合刚开始理财的人。

　　她姐说：

　　需要注意，货币基金的赎回可能会有一定限制，比如，当日快速赎回有 1 万元的限额，超过 1 万元要 T+1 工作日才能到账。如果你周末要用 5 万元，那么你需要在周四下午 3 点以前赎回，这笔钱才会在周五到账。如果在周四下午 3 点以后赎回，就要等到下一个工作日，也就是下周一才能到账。

　　（三）国债逆回购

　　国债逆回购，从本质上说是一种短期贷款，投资者通过国债回购市场把自己的钱借出去，回购方（也就是借款人）用自己持有的国债作为质押品来获得这笔借款，到期后还本付息。所以，国债逆回购的安全性非常强，可认为是几乎无风险的投资工具。

　　国债逆回购的期限种类非常多，有 1 天、2 天、3 天、4 天、7 天、14 天、28

天、91 天、182 天的品种选择，资金到期时自动到账，能够满足我们对流动性的要求。但要注意，在做国债逆回购交易前，你要先在证券市场开户。等回款的时候也需要多一天的转账时间，比如，做 7 天的国债逆回购，则在 T+7 日你的账户资金可用，可以购买股票、场内基金等，但还不能提现到银行卡里，要等回款后的下一个交易日资金可取时才能提现。关于国债逆回购的更多介绍，会在本书第六章呈现。

她姐说：

需要注意，交易国债逆回购是有手续费的，但手续费很低，根据操作的天数计算。10 万元做 1 天、2 天、3 天、4 天的逆回购，手续费为 1 天 1 元；做 7 天的逆回购手续费收 5 元；28 天以上手续费收 30 元封顶。

（四）银行开放式理财产品

银行除了有存款产品和净值型理财产品，也给我们的活钱提供了管理方案，那就是开放式理财产品，也叫 T+0 理财。这类产品在申购和赎回方面比较灵活，基本可以做到随用随取。收益比货币基金稍高一些，一般年化收益率为 2% ~ 4%。这类开放式理财产品的优点在于申购和赎回没有时间上的限制，并且在存续期中可以追加申购或者赎回，灵活性好。

但这类产品也有一些缺点，比如，有些产品的购买门槛较高，一般为 1 万元起购。而且这类理财产品的本质并不是存款，可能会存在净值的波动，特别是在国家要求打破理财产品的刚性兑付之后，投资者就要根据自己的风险承受能力选择对应风险等级的产品，自负盈亏。不过整体上看，这类产品的风险还是较低的。另外，部分产品有赎回要求，甚至会收取手续费。

（五）银行理财短期固收产品

这类产品的特点就是有封闭期，比如，1 个月、2 个月、半年甚至更长时间。封闭期结束后，会有 1 天的时间可以进行申购和赎回操作。因此这类产品比较适合需求明确的备用金存放，比如，确定在 1 个月后用这笔钱，这时就可以根据资金使用时间来选择具体的产品。

这类理财产品的优势在于期限明确，收益率也比一般活期类产品要高一些，但要注意不同产品的风险等级，建议选择 R1 和 R2 级别这类风险较低的产品。另外，其给出的预期收益率（或称业绩比较基准）只是参考，并不意味着到期一定能拿到这些收益，具体的收益规则需要大家仔细研读产品细则。

上面讲了这么多活钱管理理财产品，为了方便大家做出适合自己的选择，我们在表4-1中总结了它们在流动性、风险性、年化收益率、投资门槛与赎回限制的特点。

表4-1 常用活钱管理理财产品比较

理财产品	流动性	风险性	收益率	投资门槛及赎回限制
银行活期存款	极好	极低	0.35%	无投资门槛，无赎回限制
货币基金	好	低	2.18%~2.26%	通常1元起投，T+0或T+1日到账
国债逆回购	好	极低	1.5%~5%	沪市深市均为1000元起购，T+0日到账，到账后可以用于买股票、基金等，T+1日可提现
银行现金类理财产品	好	有风险等级划分	2.2%~2.7%	通常1元或1万元起投/可随时赎回，T+0或T+1日到账，部分产品有工作日、上限5万元的赎回金额限制
银行短期类固收产品	一般	有风险等级划分	业绩比较基准2.5%~4.2%	通常1元或1万元起投/根据封闭时间开放赎回，T+0或T+1日到账

注：①"银行活期存款"收益率是指中国人民银行活期存款基准利率；②"货币基金"以中证货币基金指数（该指数由数据截至期内市场上的所有开放式货币基金组成）近一年到近三年年化收益率为参考（数据从2019年5月25日至2022年5月24日）；③"国债逆回购"采集时间为2022年3月1日至2022年5月23日。通常月末、季末、年末和法定节假日前收益较高；④"银行现金类理财产品"样本选取招商银行——活钱管理自营和代销的理财产品，采集时间为2022年4月1日到2022年5月23日；⑤"银行短期类固收产品"样本选取招商银行——月月宝、季季宝、半年宝，采集时间为2022年4月1日到2022年5月23日。

资料来源：Wind、东方财富证券、招商银行。

◆第三节 三个实用技巧，管理活钱更高效

对现金流的管理，是我们进行理财规划时最基础的一步。下面就给大家介绍三个法宝，可以更高效地进行现金流管理。

一、记好账，做到心里有数并随时调整

记账对现金管理的意义主要在于：①可以帮自己了解日常收支状况，确定紧急备用金需要的金额；②可以在记账的基础上做好预算，提前规划现金需求；③可以观察到现金变动的情况，及时做出调整。

市面上的记账软件很多，大家选择一个自己用得顺手的工具就行，总之要做到每笔收支有迹可循。有了工具，就该考虑记账到底记什么了。从大的层面来说，就是记收入和支出。这里给大家一些建议：

（1）收入方面。大部分工资薪金收入是按月发生的，所以每月记一次即可。而投资理财收入的部分，像基金、股票等非固定收益的投资品，盈亏是持续波动的，所以可以按"年"或"季度"这个时间维度进行记录。而像货币基金、银行理财产品、银行定期存款产品等固收类产品的投资收入，可以将预期收益均摊到每个月，按月记录或是等产品到期后记录。

（2）支出方面。支出的项目要分类记录，但这个分类不是绝对的，按照自家消费结构合理分类即可。另外，很多人的日常消费是刷信用卡，建议刷卡时就记录支出，而不是等到还款时一起记，以防时间太久容易遗忘。

记账只是一个方面，更关键的是记账之后的收支分析。比如，钱都花在哪里了？什么时候花得多？有多少比例是可以节约的不理性消费？通过对账本的分析，我们可以时刻掌握自己的现金状况：这个月是正向现金流还是负向现金流？是正常负债还是高水平负债？季度或者年度结余情况如何？有了这些对收支的总结，我们就可以大致估算自己生活中的每一类别需要花多少钱，这就是预算的雏形。

二、做好家庭现金收支表，让收支情况系统化、可视化

记了账，我们就能知道自己的钱是在变多还是在变少。但是记账太零碎，如何系统管理自己的收入和支出？光用眼睛看账本是不够的，我们帮大家整理出了一张完整的家庭现金收支表（见表4-2）。

在表格里填好了整体的收入和支出后，需要在"结余"这一栏算出收入减去支出得到的数字，也就是在统计的这个时间段里你能攒下多少钱。在"结余"下方还有一栏"结余率"，我们用结余金额除以总收入，得到的就是结余率，它表示你能够攒下收入的百分之几。

表4-2　家庭现金收支表

制表时间

收入信息	金额（元）	支出信息	金额（元）
工资收入		生活消费	
年终奖		房租/房贷	
其他主动收入		人情往来	
主动收入合计		旅行	
理财投资收益		其他支出	
租金收入			
其他被动收入			
被动收入合计			
收入合计		支出合计	
结余			
结余率			

注：其他主动收入包括兼职、稿费等劳务所得；结余率＝结余/收入合计。

她姐说：

请注意，通常我们建议结余率保持在30%以上，如果低于这个数值，就要拉个警报，做好收支规划，努力提高结余了。

三、合理利用信用卡等信用工具，将现金价值最大化

如果手里有张信用卡，可以在消费的时候先刷卡，下个月再还款，这样一来，相当于你每个月都有一笔多出来的现金可供支配，当然这笔钱是用你自己的信用换来的。信用卡的额度越高，这笔额外的活钱也就越多。那么如何使用信用卡，可以把这笔活钱的价值最大程度发挥出来？下面给大家提供一些小技巧：

（1）合理利用免息期。使用时距离当期账单日越远，免息期也就越长。假设你的账单日是每月5日，还款日是每月25日，那么你在当月1~5日的消费都要在当月25日还款；而在当月6~31日的消费，就可以在下个月的25日还款。所以，尽量让你的消费控制在每月账单日之后，就可以享受更长的免息期了。

（2）必要时使用分期还款或最低还款额还款。有时候确实手里现金不够用，信用卡的分期还款或最低还款额可以帮我们临时过渡一下，解决现金不够的问

题。这里需要注意的是，这两种还款方式不影响信用，但账单中没还的钱会产生一定的手续费。需要根据银行设定的利率计算好手续费，否则会得不偿失，越还越多。

她姐说：

要提醒大家，如非紧急情况，尽量不要用信用卡取现，因为信用卡取现按日计息，日利率 0.05%，折合年利率达 18%，不利于健康的财务管理。

另外，随着互联网的发展，线上的借贷产品也丰富了起来，如花呗、京东白条等信用借贷产品，我们要合理使用它们，发挥现金的最大价值。

第五章
风险保障：
为理财解决后顾之忧

 ◆ **第一节　从出生到死亡，我们的**

一生要必备哪些保险？

从出生到死亡，从少儿、青年再到中年、老年，每个人生阶段都有独特的责任和所面临的风险。那么在整个生命周期中，哪些保险能为我们以及我们的家庭保驾护航？以下在不同人生阶段中提到的保险，都属于刚需险种。

一、婴幼儿时期（0~6岁）

这一阶段的人，普遍有以下特征：

（1）抵抗力较弱，经常会有感冒、发烧等常见疾病；

（2）24小时都要有家人照看；

（3）比较顽皮，特别是男孩子，容易发生磕碰。

（一）第一张保单——少儿医保

少儿医保是国家的福利保险，可以为孩子提供基础的医疗保障，而且无论身体健康与否，只要符合当地政策就可以买，几乎零门槛。每年保费也很低，一年只要两三百块钱，性价比非常高。

（二）第二张保单——少儿重疾险

孩子的抵抗力较弱，婴幼儿阶段也是疾病的高发阶段。但疾病分轻重缓急，像感冒发烧等常见疾病有医保给予保障，甚至金额较低的医疗费用我们可以自行承担。可一旦罹患重大疾病，几十万元的医疗费用对于一般的工薪家庭来说，可能直接会将家庭财富清零。所以从风险造成的后果严重程度来说，第二张保单应该是重疾险，而且要选择少儿重疾险。

（三）第三张保单——医疗险

同时，因为抵抗力较弱，很多孩子在这个年龄段都是医院的"常客"，虽然很多都不是大病，但一来二去的医疗费用也是一笔不小的开支。医疗险是报销型险种，如果孩子有医保，那么先走医保，之后自付的部分扣除免赔额（通常是 1 万元）后，再予以 80% 或者 100% 的报销额。如果预算充足，还可以再额外增配一份小额医疗险。小额医疗险的保额很少，年度的报销额度普遍不超过 5 万元，1 万~2 万元居多，但是胜在零免赔额或者只有几百元的免赔额，保险门槛很低。

二、青少年时期（7~20 岁）

这一阶段的人，普遍有以下特征：

（1）在上下学的路上、校园中和闲暇时的体育运动中，发生意外事故的概率增加；

（2）由于学习压力逐渐增加，身体健康也可能出现问题。

（一）第一张保单——少儿医保

这是最基础的医疗保障，必须买。

（二）第二张保单——少儿综合意外险

意外伤害是危害青少年生命健康的一大杀手，如烫伤、触电、交通事故、溺水、中毒等，在孩子身上的发生率很高，致死率也很高。所以一定要买意外险，并且要选择专门针对青少年的少儿综合意外险。

（三）第三张保单——重疾险

重疾险依然首选少儿重疾险，保障期限无须选择终身，保障 20 年或 30 年就行，保费较低。

（四）第四张保单——医疗险

医疗险要尽量选择包含住院医疗和门急诊的百万医疗险，这样才能充分起到对医保补充的作用。

三、步入社会时期（20~30岁）

这一阶段的人，普遍有以下特征：

（1）收入偏低而且稳定性较差，财富积累也较少；

（2）大部分还是单身，但也陆续开始为买房、买车做准备；

（3）消费类的负债逐渐增加；

（4）身体健康情况状况良好；

（5）父母的年龄普遍超过50岁，身体健康可能开始出现问题。

（一）第一张保单——综合意外险

意外险是每个年龄段都必须要买的。保障责任包括意外身故、意外残疾、因意外事故导致的医疗赔偿和住院补贴。能否购买意外险不与身体健康情况挂钩，而是与被保险人的职业有关，从事高危职业的人要关注保险条款中对于职业的限制。

（二）第二张保单——重疾险

如果预算不多，就买消费型定期重疾险，保障期限可以缩短，但一定要确保保额足够，比如至少30万元；如果预算充足，建议买终身型多次赔付带身故重疾险。

四、成家立业时期（30~40岁）

这一阶段的人，普遍有以下特征：

（1）大多已经结婚，事业稳定，也有一定的积蓄；

（2）上有老下有小，要还房贷、车贷等，负担较重；

（3）由于工作压力和年龄原因，身体健康可能会出现小问题。

（一）第一张保单——综合意外险

建议购买一年一投保的短期综合意外险，保额一定要高，至少选择50万元。如果工作需要经常出差，除了综合意外险，还可以根据出行需求补充一份专项赔偿的交通意外险。

（二）第二张保单——重疾险

如果预算很充足，直接买保障终身且多次赔付的重疾险；如果预算有限，优先购买消费型定期重疾险，但要确保保额足够，30万元打底，50万元及以上更好。

（三）第三张保单——寿险

如果预算充足，可以直接买终身寿险；如果预算不够，那么就买定期寿险，保额的选择要在覆盖负债的同时保留3~5倍的收入。

（四）第四张保单——医疗险

医疗险是对看病花费予以报销的险种，可以对社保和重疾险起到很好的补充作用。对于没有基础医保的人来说，商业医疗险一定要买一份。

五、事业稳步发展时期（40~55岁）

这一阶段的人，普遍有以下特征：

（1）事业稳定并处于高峰期，收入也较高；

（2）家庭责任依然较重，上有老下有小；

（3）年岁见长，开始考虑养老问题；

（4）健康状况开始走下坡路，小毛病陆续出现。

（一）第一张保单——综合意外险

意外险一定要坚持每年都买，最好选择意外身故或伤残保额比较高的，保额至少50万元，100万元更好。

（二）第二张保单——重疾险

如果在上一个人生阶段甚至更早以前就已经购买了重疾险，那么此时要关注一下原保单，如果保额不足或者保障责任需要补充的，要及时购买新的重疾险弥补缺口；如果资金宽裕，保障期限也要延长，保障终身最好。如果此时还没有购买重疾险，一定要尽快配置，否则过了这个年龄段，身体不好的话无法通过健康告知，那就彻底买不了，即使能买，保费也会非常高。

（三）第三张保单——寿险

与重疾险的选购逻辑相同，如果之前已经买了，要结合当前的家庭支出、子女教育支出、负债等因素进行调整，如果保额不够，要追加补充保额；如果之前没有配置，那么就要购买足额的寿险。如果预算有限就买定期寿险，如果预算充裕就直接买终身寿险。

（四）第四张保单——医疗险

处于这个阶段的人群，身体可能陆续都会出现一些小毛病了，而且很多都是慢性病，如高血压、高血脂等，需要持续用药和就医，所以医疗险也必须要提早购买。

她姐说：

如果在配齐上述必备保险后手里的资金还很充裕，那么结合未来养老金需求，也可以配置养老金险。当然，如果你自己有更好的理财途径，或者闲置资金有限，养老金险不是必备选择。

六、退休养老时期（55岁以上）

这一阶段的人，普遍有以下特征：

（1）子女独立，无须承担家庭责任，负债压力缓解或清零；

（2）退休后收入大幅减少，财富积累的速度放缓；

（3）身体多发慢性疾病，健康在逐渐走下坡路，医疗需求增加。

（一）第一张保单——综合意外险

这一阶段，岁数大了，腿脚不灵便，反应也慢，更容易发生意外。建议选择专门针对老年人推出的综合意外险，承保年龄范围广，意外风险保障全。

（二）第二张保单——医疗险

医疗险能在医保报销后提供费用的二次报销，是抵御大病风险非常好的选择。挑选时要优选"保证×年续保"的，保障责任要涵盖增值服务，如绿色就医通道。

（三）第三张保单——防癌险

50岁通常是购买重疾险的分水岭，过了50岁很难通过健康告知，而且保额也十分有限。但为了能拥有健康保障，可以通过防癌险来进行替代。虽然防癌险的保障范围较重疾险窄了不少，但是从多家保险公司2019年的理赔数据上看，恶性肿瘤的获赔率占六成以上，而且防癌险的核保也较为宽松，有高血压、糖尿病的人群也可以投保。

她姐说：

总之，每个年龄段都有其特殊的保障需求，我们要结合自己所处的人生阶段、不同的收支情况甚至是所处的社会大环境，来不断调整优化保险产品。

◆ 第二节　三步走，给孩子配置保险

很多朋友会问："该怎么给孩子买保险？"下面，我们就来聊聊给孩子买保险的那些事儿。

一、孩子会面临哪些风险

（一）意外风险

孩子天性活泼好动，自我保护意识比较差，如果再加上家人看护不到位，一旦发生意外事故，很可能就是一场悲剧。

（二）重疾风险

随着重疾发病率越来越高，重疾的年轻化趋势也越来越明显。孩子一旦罹患重疾，父母自然要不惜一切代价为孩子治病，可是，昂贵的治疗费用可能会花光很多家庭的积蓄，甚至还会"因病致贫"。

（三）医疗风险

孩子的免疫力不如成年人，很容易得感冒、发烧等常见病，虽然不严重，但频繁就医，每次都要花费几百元，次数多了，积累起来也是一笔不小的开支。

（四）教育风险

据统计，普通家庭养育一个孩子，从出生到大学毕业，预计要花费 50 万~150 万元。而且目前年轻人结婚普遍较晚，子女在接受高等教育时父母很可能临近退休。如此一来，随着父母年龄的增长，健康问题的发生会增加医疗支出；而孩子的教育支出和自身养老金筹集期高度重叠，经济压力会更大，都会导致教育风险的发生。

（五）责任风险

孩子贪玩好动，也容易给身边人带来一些麻烦。比如，住在高层建筑中的家庭要谨防孩子往窗外扔东西造成他人人身和财产的损失；在公共场所无意间碰倒物品，或者孩子间互相打闹，也容易造成对他人的财物和人身伤害，最终承担责任的还是家长，所以家有"熊孩子"的父母，责任风险也是不得不面对的。

二、给孩子买保险前，先做好这两件事

应对上述风险，父母们可以通过购买商业保险来转移风险。在给孩子配置保险前，父母一定要先做好以下两件事：

第一件事：先给孩子买医保。首先，它对健康没有要求，几乎零门槛；其次，每年保费很低，一年交几百元就能享受国家层面的基础医疗保障，性价比非常高。以北京为例，每年个人缴费160元，获得的保障如表5-1所示。

表 5-1　2021 年北京儿童医保报销标准

项目	起付线（元）			报销比例（%）			报销上限（元）
	一级医院	二级医院	三级医院	一级医院	二级医院	三级医院	
门诊	100 元	550 元	550 元	55%	50%	50%	4500 元
住院	300 元	800 元	1300 元	80%	78%	75%~78%	25 万元

资料来源：北京市社保网。

可能有些父母并没有当地户口，但很多城市也允许符合要求的外地户口父母为孩子买当地的少儿医保，具体政策可以咨询当地社保部门。

第二件事：给孩子买保险前，务必做足父母自己的保障。做任何事都要分个轻重缓急，那么，家庭的保障需求，孰轻孰重？当然是孩子的父母了。父母是家庭的经济来源，孩子也需要父母的照顾，如果把大部分的保费预算都给了孩子，而自己处于毫无防备的状态，一旦自身遭遇意外事故或者罹患重疾，对家庭财力和孩子造成的损失才是最大的。所以，父母本人的意外险、重疾险、医疗险和寿险保障一定要充分，之后，再考虑给孩子配置相关保险。

三、给孩子配置商业保险的正确顺序

清楚了孩子会遇到哪些风险，以及在配置保险前要做的两件事后，接下来就该挑选商业保险了。意外险、重疾险、医疗险、寿险、教育金险……这些险种是否全都适合给孩子买呢？配置的先后顺序又如何？

是否需要买以及先买哪个，要看风险发生后需要自己负担的成本大小。在此，我们将风险分成两类：第一类是风险事故发生后，会给家庭财力造成较大损

失的重大风险，如罹患重疾，需要十几万元的医疗费。这类风险，就要优先通过保险进行转移。第二类是风险事故发生后，虽然也要支付一些医疗、康复费用，但是金额较低，完全可以自负，我们称其为自留风险。这类风险，可以不必急于或者根本就不需要商业保险转移分散。

至于教育金方面的风险，说到底这类风险的根源在于"缺钱"，而缺钱的问题不是保险能解决的，并且教育金险的主要作用在于储蓄，所以相较于重大风险而言，教育金险的配置应该靠后。

综上来看，给孩子买保险应先保障重大风险，如重疾险、医疗险和意外险，之后若还有预算，再考虑配置责任保险和教育金险。

四、如何给孩子选购重疾险

在给孩子挑选重疾险的时候，父母们应该重点关注以下几点：

（一）尽量给孩子买专属于他/她们的少儿重疾险

虽然市面上在售的重疾险，承保年龄大多低至出生满 30 天，但是成人高发的重疾病种很多在儿童期间发生的概率并不高。比如帕金森病、阿尔茨海默病、脑卒中后遗症，这些都是中老年罹患概率更高的重疾，对孩子来说实际的保障价值不高。因此，应当给孩子选购专门针对未成年人的少儿重疾险。

（二）保额要买够

因为病症严重，治疗费用普遍较高，如多发生在孩子身上的白血病，治疗费用基本上都在 10 万元以上，如果保额过低，则起不到保障作用。因此，给孩子买的重疾险保额建议选择 30 万~50 万元为宜。

（三）不必在意病种数量多少，重点关注少儿高发疾病

我们都希望花同样的钱，能买到保障病种更多的重疾险，但实话实说，没必要太在意病种数量的多少。因为根据科学数据统计，无论男女老少，法定的 28 种重疾加上 3 种轻症基本上覆盖了 90% 以上的重疾发病率。而儿童常见的普遍是白血病、淋巴瘤、严重哮喘、严重脑损伤、严重心肌炎、重症手足口病、严重脊髓灰质炎、严重川崎病等重大疾病。所以，只要重疾险中包括以上几种重疾，对于儿童来说就足够了。

（四）选择消费型重疾险，不建议选择返还型重疾险

很多投保人觉得，买消费型重疾险如果没出险钱就白花了，并且平时接触到

的推荐都是返还型重疾险。那到底应该买哪种重疾险？

她姐的观点是，从性价比上看，建议买消费型重疾险。这里并不是说返还型重疾险不好，而是实际一点来看，返还型重疾险的保费太贵了。如果给5岁的孩子选择保额30万元的消费型重疾险，每年的保费只需几百元；同样的保额，换为返还型重疾险，每年的保费可能要5000~6000元，甚至更高，但降低保费，那么保额肯定又不够。同时，我们结合通货膨胀情况来看，等未来开始返还时，那点儿钱可能早就不值钱了。

（五）要选择有保费豁免功能的重疾险

有了保费豁免，当疾病给家庭经济带来财务冲击时，可以不用担心剩余保费的支付，起到了对孩子和对父母的双重保障作用。

（六）对于孩子来说，买多次赔付的重疾险更实用

首先，孩子在小时候患的重疾，可能在成年后引发二次疾病，用上多次赔付的概率较大。其次，随着医疗科技的不断进步，重疾治愈率也在提高，所以重疾多次赔付使用的可能性也在提高。不过，到底选单次还是多次赔付主要看预算。如果预算充足，建议父母们尽量为孩子优先购买多次赔付的重疾险；如果预算有限，建议在保额充足的情况下购买单次赔付的重疾险。

总的来看，父母在给孩子买重疾险时，也要结合家庭实际情况来选择具体产品。如果预算不多，那就先解决基础的保障问题；如果预算充足，可以考虑更加充足齐全的保障。另外，在给孩子买保险时，建议一定要先把父母的保障做足，保护好自己，才有能力去保护孩子。

五、给孩子买医疗险和意外险时要注意哪些事项

（一）医疗险

孩子的抵抗力弱，容易得感冒发烧这类常见疾病。尽管纳入医保目录的药品范围在扩大，但是依然存在医保不能报销的情况，每次花费三五百元，细细一算，这笔开支也是不少的。所以，不妨在重疾险的基础上，给孩子买份医疗险以进一步减轻看病的负担。

市面上的医疗险产品大体分为两种：百万医疗险和小额医疗险。很多百万医疗险一般只报销住院费用，门诊几乎不报或者报得很少。百万医疗险还有一个普遍的硬伤，就是基本都有1万元的免赔额门槛，只有当费用超过1万元时，医疗

险才开始起作用，不足 1 万元的费用只能自付。但实际上，孩子有个意外磕碰、头疼脑热的情况，去医院很多都是门诊和急诊而非住院需求，所以百万医疗险虽好，但在常规疾病上很难派上用场。

如果孩子已经有了重疾险，在少儿医疗险的选择上建议增加针对门诊和急诊医疗的保障配置，也就是小额医疗险。少儿小额医疗险一般保额比较低，通常为 1 万~5 万元，但是它的免赔额也低，一般为 100 元或者零免赔，对于经常去医院的孩子来说非常实用。

在挑选小额医疗险时，以下三点需要我们特别关注：

首先，免赔额越低越好。免赔额就是不能报销的部分。比如，住院花了 1000 元，免赔额为 300 元，那么最多能够报销 700 元。因此，免赔额越低，说明需要自己负担的费用越少。不管是对于什么样的医疗险来说，免赔额都是非常重要的。

其次，可报销的范围越广越好。大家都知道，医保报销是有用药的限制的。通常来说，基本用药（甲类药）是可以全部按照报销比例报销的，但是对于乙类或者是丙类药，就只能部分报销或者全部自费了。这时，如果我们买的医疗险能提供医保外用药的报销，就非常有必要了。

最后，报销比例越高越好。除了免赔额和报销范围，医疗险的"报销比例"也是非常重要的。比如，住院花了 1000 元，免赔额为 300 元，如果报销比例是 80%，那就报销 700×80%＝560 元。所以，我们在挑选小额医疗险的时候，尽量要选含门诊、免赔额低、报销比例高、不限社保或限社保但包含自费药及其他附加服务的产品。

（二）意外险

根据数据统计，目前意外伤害已经成为我国 14 岁以下儿童的第一死因。比如，窒息、床上坠落、烫伤、触电、交通意外、溺水、中毒等风险事故，在孩子身上的发生率很高，致死率也较高。所以对于孩子来讲，意外险是刚需。

选择意外险时，同样有以下三点需要留意：

首先，关注意外医疗责任。为孩子购买意外险，主要看意外医疗的责任，就是能报销磕碰剐蹭所造成的伤害责任，因为这是最常见也是最实用的。

其次，不必过分看重身故赔偿。因为银保监会对未成年人的身故保额是有限制的，10 周岁以下身故保险金限额为 20 万元，10~18 周岁身故保险金限额为 50

万元。所以在购买意外险时，保额不要突破这个界限，因为即便是在不同的保险公司买了几份，超出限额的部分也是不会理赔的。

最后，不建议买长期意外险。不要选择那种以附加险形式出现的长期意外险，不仅保费贵，实际可获得的保险金也低，保障期限选择一年一保的即可，这样可以根据孩子的实际情况，适时改变投保方向。

她姐说：

虽然孩子是我们的心头爱，但父母才是孩子最大的保护伞，所以给孩子买保险之前一定要先检视自己的保障是否齐全。

◆ 第三节　教育年金，让养娃没有后顾之忧

早前，她姐在她理财社区中发起过一个小投票，题目是："作为家长，孩子的教育支出是否对家庭构成压力呢？"投票结果显示，有53%的财蜜表示压力很大，33%的财蜜表示有点压力，只有14%的财蜜表示无压力。

一、子女教育要提早规划

让子女接受优质教育，是家长们共同的心愿，然而不断攀升的教育支出给不少家庭带来了压力。根据目前的学费水平进行估算，一个孩子从出生到大学毕业，其中所牵涉的费用少则几十万元，多则上百万元。如果孩子选择在海外接受大学教育，或者在大学毕业后继续深造，教育的支出则更为昂贵。

除了费用高，教育金还有以下四个特点，提醒我们需要提早规划：

（1）子女教育金没有时间弹性。比如，子女到了6岁就要上小学，18岁或19岁就要读大学。与其他的消费如购车、买房不同，子女的教育不会因为资金不足而推迟。

（2）子女教育金没有费用弹性。与其他费用相比，教育经费的弹性较小。

（3）国家没有特定的教育储蓄账户。这与退休规划有个人养老金账户、购房规划有住房公积金账户有很大不同，目前我国没有特定的教育储蓄账户，经费

都得家长自己准备。

（4）子女高等教育金支付期与退休金准备期高度重叠。如果不提早规划子女教育金，可能你就要因为供子女上大学而推迟退休金的准备了。

二、更好地储备教育金的方法

为了能让孩子接受更好的教育，大部分家长都想给孩子存钱，提前做好准备。可是对于大多家庭来说，每年的结余就那么多。所以，给孩子攒教育费最好有一个专款专用的账户，里面的钱只能在孩子接受教育的时候才能取用，其他时候谁也不能拿，也拿不出来。教育金保险最能实现这种确定又安全的长期财务目标。

教育金险是年金保险的一种表现形式，家长定期（或者一次性）存钱进去，等到子女高中、大学、留学需要用钱的时候，就能定期领钱来支付学费、生活费。因为教育金险是年金保险，钱存在里面不仅没风险，还会有收益。教育金的收益率要看具体产品。她姐梳理了挑选教育金的三大参考要点。

（一）内部收益率越高越好

大部分的年金产品内部收益率为3%~4%，如果在3.5%以上，已经很高了。你可能觉得这收益并不算高，但要知道，它是复利计算的，利息也能生利息，我们日常的理财工具，如国债、银行存款都是单利计息。风险与收益不可兼得，子女的教育金图的就是一个安全稳健，在没有风险的前提下，这个利率算是不错的。而且它的收益是锁定的，银行利率会下调，但它不会变。安全稳定有收益，这是教育金险最大的优势。

（二）现金价值越高越好

这份保单还会有现金价值，我们交进去的保费，保险公司扣除一定的运营管理等费用之后，剩下的就形成了一个"蓄水池"。通常，如果孩子的教育规划有调整，或者真的迫不得已急需用钱，也可以退保把现金取出来。

（三）领取越灵活越好

不同产品领取的时间段、方式和比例都有差异。有的产品子女读高中就可以领，有的则要上大学；有的不想当教育金用可以转成养老金继续存着。领取越灵活，现金流越好掌握。

◆ 第四节　商业保险，给父母添份保障

我们都希望父母身体健康，但也知道，人一上岁数各种毛病就会主动找上门来。哪怕身体无大碍，由于自身机能生理性退化，遇到磕碰风险也比年轻人高。

一、为父母买保险，难点在哪里

父母上了年纪，最大的风险就是生病。但恰恰是最需要保障的中老年人，买保险却出奇的难，原因有以下四个方面：

第一，年龄。很多保险都设有年龄限制，如市场上很多意外险的投保年龄上限是 65 岁，寿险和医疗险的投保年龄一般上限是 60 岁，重疾险的投保年龄上限是 50 岁或 55 岁。

第二，保费高，甚至出现"倒挂"现象。年龄越大，患病风险随之增加，保费也就越贵，但保额却常常少得可怜，以至于出现保额抵不上缴纳保费的情况，这种现象也被称为"保费倒挂"。

第三，健康告知难通过。老年人难免会有一些疾病，比如"三高"或是其他小毛病，这样一来，通过健康告知的难度就大大提升了。

第四，保额有限制。针对中老年人的"重疾险"产品，最高的保额普遍也只有 10 万元。这与我们平时说的重疾险保障至少要 30 万元有很大的差距。

二、如何为父母补充必要保障？

(一) 首先完善最基本的社会医疗保险

社会医疗保险是最基本的医疗保障，可以在门诊看病、指定药店买药或者是住院的时候获得相关的费用报销或补贴，可以减免许多医疗费用。所以在配置商业保险前，一定要看看父母是否买了社会医疗保险。

这里的社会医疗保险，一般是指城镇职工基本医疗保险。要提醒一下大家，要想终身享受城镇职工基本医疗保险中的福利，要满足最低缴费年限要求，各地

略有差异，一般来说养老保险最低缴费年限为 15 年，但医疗保险不同，以北京为例，男性需缴满 25 年，女性需缴满 20 年，按照国家规定依法办理退休手续的职工才可以享受基本医疗保险的相关待遇。

如果父母不能享受城镇职工基本医疗保险服务，可以考虑为父母配置城乡居民基本医疗保险，也就是通常说的城乡居民医保，它的功能和城镇职工基本医疗保险差不多，都可以实现花较少的保费获得较高医疗报销费用的目的，性价比也比较高。如果父母是农村居民，也可以选择新型农村合作医疗，简称"新农合"，主要保障住院和大病费用，有些地区最高可补偿 20 万元。个人缴费标准原则上全国达到 180 元左右，每个家庭基本也都能负担得起。

但无论是社保还是城乡居民医保，它们都只能解决部分门诊以及住院费用，而对很多重大疾病、癌症需要的进口药或靶向药及一些疾病的手术费来说，基本的社会保障是不能予以更多报销的。所以若想要获得更好的医疗效果，减轻更多的财务负担，购买商业保险进行补充是必不可少的。

（二）适合给父母配置的商业保险

1. 意外险

上岁数的人可能会因为腿脚不灵便、反应迟缓而导致摔伤，所以意外险适合老年人。同时，意外险的购买只与职业有关，与年龄关系不大，七八十岁的老人也能投保。而且在商业保险中，意外险的保费也是最便宜的。她姐建议给 50 岁以上的父母买意外险时，尽量选择专门为中老年人设计的意外险，保障责任会更加贴合中老年群体的需求。挑选意外险时，关注的重点是意外医疗的保障。挑选原则是：免赔额较低，尽量零免赔；报销比例越高越好，社保不报的费用它也能报。

2. 医疗险

如果只是一些小病小痛，社会医疗保险是够用的，但如果罹患大病，比如癌症、脑卒中、心脑血管疾病等，治疗费用通常要几十万元甚至上百万元，而一些有效的治疗手段，医保能报销的部分又有限。因此，能在医保报销后提供费用二次报销的百万医疗险是抵御大病风险非常好的选择。百万医疗险基本上将自费药、进口药、靶向药等都囊括进来，而且保额也都很高，可以达到百万级，最关键的是价格不贵。

如果父母的年龄为 60~70 周岁，可以选择防癌医疗险。虽然其保障的范围只有癌症及相关的治疗费用，但是从保险公司的理赔数据来看，癌症理赔占重疾理赔的60%～70%。而且防癌医疗险的健康告知相对宽松，对于"三高"、糖尿病人群来说增加了购买的可能性。

挑选医疗险，关注重点是：先看续保条件，再看具体保障和增值服务。具体来说，优选"保证×年续保"的，这样的话即使之前发生过理赔，也不影响后面的续保。另外，保障责任也要尽量全面，最好还能涵盖必要的增值服务，如绿色就医通道。

3. 重疾险/防癌险

50周岁通常是购买重疾险的分水岭，50周岁以上不仅保费特别高，而且可以买到的保额也十分有限，所以并不建议大家给50岁以上的父母购买重疾险。如果预算比较充足，同时父母的年龄在50或55周岁以上，且身体也没有大问题，可以考虑防癌险。虽然疾病的保障范围窄了，但是考虑到恶性肿瘤的理赔占保险公司重疾理赔的60%以上，所以买不到重疾险，通过防癌险转移风险也是可行的。

挑选重疾险/防癌险，关注的重点是保障范围，也就是哪些情况能赔钱。优选恶性肿瘤和原位癌都能赔且保费更便宜的产品。如果保费预算充裕，保障期限尽量选择保终身。

4. 定期/终身寿险

对于寿险，其实她姐并不推荐父母优先配置。寿险的理赔条件是被保险人身故或全残，而保险金是留给法定或指定受益人的，对于被保险人自己起不到任何实质性的保障作用，所以这类险种应该买给家庭经济支柱或者身背负债、承担子女教育义务的中青年人群。当然，如果你的父母依然在家庭中扮演着经济支柱的角色，且保费的预算比较充裕，可以补充一份寿险。

三、给父母买保险时，我们需要注意什么

（一）给父母买保险的保费不宜过多

保险最应该保的是"发生事故后对家庭造成损失比较大的人"，这里的"损失"指的是经济方面的。因为对家庭经济支柱来说，无论是罹患疾病还是身故，都会导致家庭的收入骤减甚至归零，家庭原本的债务也将转移到家庭其他成员身上。

所以，在进行家庭保险配置的时候，整体预算要合理分配，中青年人的预算要高于孩子和老人。

（二）尽量避免一次性缴费

保险的缴费方式包括：①趸缴，指一次性付清所有保费。②期缴，即分期支付，具体包括年缴，指每年支付一次保费；月缴，指每月支付一次保费。

从费率上看，趸缴的总共缴纳保费低于期缴；但期缴更为灵活，可以减轻投保人的现金流负担。另外，期缴还可以享受保费豁免，即投保人在缴费期未满时出险，导致无法继续缴纳后期保费，则未缴清的保费可以免除，保单继续生效。对于收入高但不够稳定人群来说，趸缴更稳妥，可以避免因不能按时缴费导致保单失效的风险。而对于收入不高但比较稳定的人群来说，期缴更轻松，还可以灵活支配自己的剩余收入，并且能最大限度地利用杠杆效应。同时，健康类保险都有"豁免条款"，如投保人在缴费期未满时出险，则未缴清的保费可以免除。

（三）仔细阅读条款，了解保险责任和除外责任

保险责任，是指保险公司承担赔偿或者给付保险金责任的项目。也就是说，被保险人只要发生了保险责任范围内的事故，保险公司就要赔偿保险金。除外责任，又称责任免除，是指保险公司不予理赔的情况。常见的责任免除包括被保险人故意自残、故意犯罪、酒后驾驶等行为。在此提醒大家在投保之前一定要弄清楚哪些事故的发生可以得到赔偿，哪些是除外责任，不要稀里糊涂地投保。

（四）对父母的健康情况要如实告知

如实告知，是指投保人在投保时应将与保险有关的重要事项告知保险人，这是一项保险法律原则。告知通常是以"询问回答告知"的形式进行的，即保险公司给出一系列的问题对投保人的健康状况进行询问，以对投保人的风险等级进行评估。投保人在进行健康告知时，不能隐瞒或故意回避，如果投保人没有履行如实告知义务，保险公司有权解除合同或者拒绝理赔，最终会造成投保人和被保险人的经济损失。

◆ 第五节　寿险和意外险，可以相互替代吗？

一、寿险和意外险的差别

寿险和意外险，虽然都保障身故和身体全残，但差别却很大。寿险的理赔，是因意外伤害或等待期后非意外伤害导致的身故或身体全残（见图5-1）。也就是说，在保障责任期内，被保险人只要身故或身体全残，当然前提是责任免除里没提到，受益人就可以拿到理赔金。而意外险的理赔，只对因意外事故导致的身体伤残进行理赔（见图5-2）。

1.2.1 身故 或身体全 残保险金	被保险人于本合同生效（或合同效力恢复）之日起90日内（含）非因*意外伤害*[1]导致身故或*身体全残*[2]，本公司按**本合同实际交纳的保险费**[3]给付身故或身体全残保险金，本合同终止。 　　被保险人因意外伤害导致身故或身体全残，或于本合同生效（或合同效力恢复）之日起90日后（不含）非因意外伤害导致身故或身体全残，本公司按被保险人身故或身体全残当时本合同的基本保险金额给付身故或身体全残保险金，本合同终止。

图5-1　寿险理赔条款

资料来源：某定期寿险产品条款。

2.4.1 必选责任： 　意外伤残保险 　金	若被保险人遭受意外伤害（见释义6.5），并因该次意外伤害直接导致被保险人在该意外伤害发生之日起180日内发生身体伤残的，本公司根据《人身保险伤残评定标准及代码》（标准编号为JR/T 0083—2013）（原中国保险监督管理委员会发布，保监发[2014]6号）（以下简称《标准》）确定伤残等级，并根据该伤残等级按《人身保险伤残程度与保险金给付比例表》（见附件1）所对应给付比例乘以意外伤害基本保险金额向意外伤残保险金受益人给付意外伤残保险金。如自意外伤害发生之日起180日治疗仍未结束的，则按该意外伤害发生之日起第180日的身体情况进行伤残评定，并据此向意外伤残保险金受益人给付意外伤残保险金。

图5-2　意外险理赔条款

资料来源：某意外险保险条款。

也就是说，如果因自己身体原因导致身故或落下残疾，意外险是赔不了的。所以如果我们只看"身故赔偿"的范围，寿险的理赔范围是大于意外险的。

二、买了寿险可以不用再买意外险吗？

并不建议只购买寿险。意外险的不可替代性主要体现在伤残责任。寿险只保全残，要完全丧失自理能力了才能赔。但在意外事故中，非全残发生的概率要更高，如意外事故腿部受伤，治愈后落下了残疾，但并未完全丧失自理能力，这种情况下寿险赔不了，但意外险可以。另外，大多数的意外险都有意外医疗，因意外造成的医疗费用也能报销，寿险没有这个保障。总之，寿险和意外险的保障范围虽有重合，但仅限于意外死亡事故发生时，其他时候并不能相互替代，因此建议两者都要配置。

意外险绝大部分都是1年期的，保费也仅有100多元，而且男女老少都应该买。寿险虽然责任简单，保费也不贵，但是并不是人人都需要的。买寿险不是为了防范死亡，它的意义在于防范过早死亡带来的风险，为被保险人承担身后责任，填补因被保险人身故带来的家庭经济缺口。既然是为被保险人承担身后责任，那么毫无疑问，一个家庭中责任最重、收入最高，他（她）的离世会对家里造成的经济压力最大的人，就是首选买寿险的人。至于寿险的保障年限怎么选，可以考虑哪个时间段的家庭责任最重、意外离世会对家庭的经济造成压力最大，那么这段时间就是重点保障的。

三、为什么不直接买终身寿险

所谓终身寿险，就是保障时间并不固定到某个年份或者某个年龄段，而是"终身"，自保单生效后，任何时间身故都可以理赔。虽然理赔的概率是100%，但是终身寿险和定期寿险的意义还是有一些不同的。终身寿险的保费会比定期寿险贵不少，杠杆也没有定期寿险高，预算充足的人比较适合买终身寿险。

四、定期寿险的保额该买多少

这是个比较私人、个性化的问题，并没有一个固定的标准，毕竟每个家庭的情况不一样。但还是有个测算公式可以大致规划一下：

保额＝未来十年维持家庭正常运转所需的费用－家庭现有存款

也就是说，维持一个家庭未来十年正常运转需要的费用需要考虑：这些年里的日常开支+子女教育费用+债务（房贷、车贷等）+赡养老人的费用。

可能算完之后很多人的保额都在百万元左右，但是眼下由于购买保险的资金有限，所以买不了很高的保额，但可以在能力范围内，待收入提高、保费预算宽裕之后再逐步提升保额，一定要量力而行。

◆ 第六节　储蓄险，实现低风险攒钱和养老

保险的意义在于"保"，是对未来生活的一种规划和保障，在生活的压力下，给自己和家人都做好保障，也会轻松不少。

一、什么是储蓄险

储蓄型保险是对能提供理财收益的保险的统称，常见的品种包括年金险、增额终身寿险、增额两全险。这几个保险都能锁定利率，且本金足够安全。

（1）年金险，前期交一笔钱到了确定的时间后保险公司再一笔一笔地返给你。

（2）增额终身寿险，在终身寿险的基础上赔付额度会增长。

（3）增额两全险，保障期到期时如果被保险人还活着，保险公司会给一笔满期金；若身故了也赔身故金。后两类产品在保障中途都可以减保取现，所以更灵活。但不论是哪个品种，收益都不受外部经济环境影响，该拿的钱一分也不会少，非常稳健。

二、如何挑选适合自己的储蓄险

不过很多人搞不清楚自己适合买哪种，下面她姐就跟大家简单分享下挑选心得。

第一步，从需求类型出发。我们首先要明白自己买什么，即想用它来干嘛，打算多久以后用。比如，想给自己攒退休金，退休后用，以便在人生最后阶段，拥有舒适的退休生活。再如，想给孩子攒学费，以便在孩子上学时使用，做到专款专用，确保有钱使孩子接受最好的教育。

总之先明确需求，看自己打算用来做什么。如果没想清楚，就想存着，也不确定什么时候用，有需要就取点，不用就放着。那也可以买，反正拿着"投资型保险"的保单，钱不会减少，还能持续拿收益。

第二步，根据需求找到对应的品种。如果想攒退休金，而且这笔钱要留到60岁以后才拿出来花，那么选年金险比较合适。因为什么时候领、领多少，都是在买的时候约定好的。比如前十年连续缴费，到60岁以后，每年开始领年金，活多久领多久，不会有变化。如果想给孩子存学费，可以大概算一下每年需要多少钱，提前做好规划，买教育金保险。还有一种情况，如家长想给孩子攒学费，但不确定一年要多少钱。可能第一年要用3万元，第二年要用5万元。或者现在手上有一笔闲钱，但还没有孩子，也没有任何规划，想存起来以备未来需求。这两种情况，可以优先选择灵活点的品种，如增额终身寿险和增额两全险，想哪年领、领多少钱，都能由自己决定，随时都能取钱。

第三步，做计划，试算实际收益。储蓄型保险前期交多少钱、分几年交清、什么时候领，都可以自己设置，具体按照自己的需求来。不过不同的设置，实际到手的收益率也会有区别。不同的人该怎么设置，可以参考以下几个要点：

一是缴费期限，重点考虑交钱的"可持续性"。一般情况下，交纳金额大、资产多的，一次性趸缴更好；不想占用太大的现金流，对未来短期内资金状况有把握的创业者、私营企业家，3~5年交清更合适；工作、收入都稳定的职场人士，可以考虑10年甚至更长的时间。

二是记住"六字诀"：和时间做朋友。储蓄型保险的收益是按复利计算的，钱放在账户里的时间越长，收益就越高。目前比较优秀的产品，年化收益率能达到3.5%左右，长期下来折算成单利可以达到10%以上。如果问什么时候买最好，当然是现在买最好，从28岁开始准备比从38岁开始准备退休后每年能多拿50%。如果是想给孩子准备上大学的钱，孩子15岁才开始准备，肯定太晚了。需求很明确的，一定要留出充分的时间，让"投资型保险"持续复利。需求不明确的，更要沉得住心，没特殊需要，前期不要过把钱取出来，一来取不了多少钱，二来影响长期收益。

她姐说：

买储蓄型保险，不是上来就看产品和收益高低，要先明确自己的需求，再具体想买哪类产品。

三是选择品种。想攒钱养老，固定时间拿钱，优先选择养老年金；想给孩子存学费，优先选择教育金保险；手上有笔闲钱，又不知道以后花哪里，优先选择增额终身寿险或增额两全险，更灵活。

四是缴费方式。品种选好了，再看具体怎么买：资金量大，且有充足现金流的，一次性缴清保费更好；短期内需要资金周转，不想占用太大的现金流，适合分3~5年缴；工作、收入稳定的，可以分10年缴，不建议分10年以上缴，不确定性大。

最后，希望大家都能清楚，储蓄型保险最大的功能从来都不是收益率，它是一种用来托底的资产。从资产配置的角度来看，它帮你布局长期稳健的资产，做好养老、教育等未来刚性支出的储备。有了储蓄型保险的托底，再拿一部分钱追求较高风险的投资回报，遇到"黑天鹅"事件也不影响最基本的生活，这才是最有安全感的生活状态。

◆第七节　家宅平安，给"家"也添份保障

随着人们保险意识的增强，越来越多的人给自己和家人购买保险，可是有一样东西，它价值百万元甚至千万元，却一直处于无保的状态——它就是与我们朝夕相处的房子。

一、家财险：房子的意外险

家财险主要保障三类风险，分别是房屋主体、室内财产及室内装修和附属设备造成的损失。①自然灾害。比如，台风、暴雨、雷击、洪水、冰雹、暴雪、崩塌、冰凌、突发性滑坡、泥石流等。②各种原因引起的火灾、爆炸。比如，燃气用具、电器、用电线路造成的火灾，液化气罐以及燃气泄漏引起的爆炸。③空中运行物体坠落、外界物体倒塌。

有些家财险还会对房屋内水暖管爆裂产生的水暖管修复费、邻居家水暖管爆裂导致自家房屋及室内财产被水浸、腐蚀发生的损失予以赔付。还有些家财险提供盗抢损失、租房费用/租金损失保险、玻璃意外破碎、第三者责任等保障。

家财险的理赔方式有点像医疗险。申请理赔后，保险公司会去事发现场鉴定损失，在保额范围内，实际损失了多少就赔多少。比如，一套房子值 200 万元，你买了 300 万元保额，就算整个房子都被水冲走了，最多也就赔 200 万元。所以在买家财险时，不用多买，够用就行。而且家财险也都是一年期的产品，保费不贵，未来也可以根据房屋本身的市值灵活调整保额。

二、投保家财险的六个误区

（一）保障主体（对象）的限制

通常，家财险对被保房屋都有其具体要求，一定要提前仔细阅读投保须知，如农村的自建住房或者用于生产经营的房屋是不在家财险保障范围的。还有一些家财险会规定"××年以内的居民住宅"在承保范围内，所以要注意房子的建成时间等。

（二）重复投保/超额投保

同一财产向多家公司投保，就是重复投保，最终理赔各家保险公司会按比例进行分摊赔偿。同时，家财险遵循补偿原则，若实际损失大于保额，则只赔偿保额；若实际损失小于保额，则按实际损失赔偿。因此投保时要确认不要超出财产的实际价值，切莫重复投保或超额投保。

（三）注意保障责任的不同

室内财产盗抢险和现金首饰防盗险属于两个不同的概念。有人以为，既然现金和首饰都放在家中，只要附加室内财产盗抢险即可高枕无忧。室内财产盗抢险的责任范围是因遭受盗抢而丢失的室内财物，包括家用电器、服装、家具等，最高保额在 10 万元左右。但此附加险并不包括现金和首饰，其只能通过附加现金首饰防盗险来专门应对。此外，水暖管爆裂、水管破裂及水渍责任也是如今的常见问题，不仅影响自家还可能因漏水影响了邻里，但在投保含此保障责任的家财险时要注意，通常"水暖管自然磨损、腐蚀变质"基本都属于免责不赔。

（四）忽略不常住的房子里的家财

按照保险条款约定，倘无人居住（一般为连续 15 天）就可视为财物无人看管状态。这是很多投保人忽略的重要事项，所以务必要引起注意，投保时也要看清保险条款，以免遭窃后无法获赔，导致不必要的理赔纠纷。

（五）发生财产变更不与保险公司联系

不少朋友以为投保了家财险就万事大吉，其实不然。家庭财产保险没有犹豫期，如果家庭里的大部分财产出现了变更，一定要到保险公司进行保单内容的变更。

家财险作为保险的一种，是对我们房屋等固定资产的保障。目前市场上的家财险产品五花八门，建议一定要按需投保，经济预算宽裕且有一定需求的家庭在投保家财险的时候，一定要多比较、多选择，认真审阅保险合同，以做到心中有数。

◆ 第八节　通货膨胀下，怎么买保险？

一、既然有通胀，现在买保险还有必要吗？

按目前 CPI 的涨幅来看，今天的 50 万元保额，在未来的二三十年后很可能都不够看病用的，这是事实。但是，这就能说现在没必要买保险吗？显然，这个判断逻辑是不对的。

不可否认的是，虽然人们对保险的接受度越来越高，但是我们对保险的功能定位却存在一定偏差。因此，我们有必要弄清楚，保险究竟是什么？

她姐说：

在她姐看来，保险首先是一种风险管理工具，专门用来对冲发生意外事故、身体健康出现问题后导致的财务风险。保险还是对资产流动性的补充。当风险事故发生后，如果没有保险，我们只能动用原本用于投资的资金，导致资金的流动性完全丧失，最终还会损耗自己的财富；可如果有了保险，理赔金无疑是对家庭财富最好的流动性支持。因此，保险从其功能属性上说，是对抗未知风险的工具。

另外，我们总是盯着未来二三十年后的保额够不够用，却忽视了很重要的一点，那就是站在当下时间点以及未来这几十年间如果发生了风险，我们该怎么办？我们不知道风险何时发生，也不知道风险发生后会给家庭、给财富造成何种损失。所以我们买保险，无论是意外险、重疾险还是寿险，都是为了防范被保险人在当下阶段发生风险事故给家庭造成财务损失，而不是一次配置管一辈子。

二、面对通胀，如何正确配置保险

建议大家，在不可控的通胀面前，保险配置应该遵循以下两个原则：一是循序渐进，动态调整；二是拉长缴费周期，充分利用杠杆。

（一）循序渐进，动态调整

一套合理的保险配置方案，一定是根据当下的家庭结构、收支情况、资产负债等因素综合考量的。而家里目前的情况并不代表未来会一直如此，收入提高了、买房买车了、孩子出生了，这些直接影响配置结果的因素发生任何变动，都会导致原本的保险配置需要优化调整。我们不能期望一次投保就能保障一辈子，根据实际情况增加保障就可以了。

（二）拉长缴费周期，充分利用杠杆

在通胀的作用下，保额不可避免地会被逐渐稀释，但同时我们的保费也被稀释了。比如，十几年前，人们的平均工资才一两千元，如果那时候贷款买房，每月还 1000 元，会觉得压力很大。可是现在再看，1000 元的房贷早就不是负担了。保费支出也同样适用这个道理。因为保费的支付可以选择分期，如 20 年、30 年。虽说分期缴费的总保费会高于趸缴的保费，但是考虑到资金本身具备的时间价值，缴费期限越长越有利于充分发挥资金的效用，也能缓解我们的财务压力。而且，我们还能最大限度地利用保险杠杆。现在的重疾险都有豁免功能，在缴费期间如果发生轻症、中症或者重疾，后期未缴的保费也可以不用再缴了，缴费期限越长，也越有利于让豁免条款充分生效。

她姐说：

无论是投资还是配置保险，通胀都是我们无法回避的问题。而保险本身，也不是对抗通胀的工具，更不是用来赚取收益的，因此我们不应被未来的通胀吓到以至于不配置保险。要知道，现在买保险是你未来人生中保费最便宜、保障时间最长的时候，如果被通胀牵绊，总想着"到时候"再买，那么到时候的保费大概率会成为你的负担，甚至会面临无保可投的问题。

◆ 第九节　小保险公司的产品，能买吗？

很多人买保险关心的第一个问题就是："小保险公司的产品能买吗？遇到情况后能理赔吗？万一保险公司破产了怎么办？"

其实，小公司的产品可以买，遇到情况后也可以理赔。很多人对保险公司的怀疑，总结起来其实就是以下三点：①买了小保险公司的产品，它有足够的钱理赔吗？②买了小保险公司的产品，它的理赔服务会不会不到位？③买了小保险公司的产品，如果它破产了怎么办？

下面她姐就来逐一解答这三个问题：

（一）小保险公司有足够的钱理赔吗？

很多人担心，小保险公司财力有限，没有足够的钱进行理赔。有这个困惑，是因为你不了解保险行业。银保监会对保险公司的监管中很重要的一环，就是保证保险公司有充足的偿付能力。

偿付能力，就是保险公司偿还债务的能力。按照规定，保险公司偿付能力充足率不能低于100%。偿付能力评估是每家保险公司都要参与的"大考"，考官是监管部门，评分标准是每家保险公司资本和负债情况。及格线有三个：核心偿付能力≥50%；综合偿付能力≥100%；风险综合评级不低于B级。考不过的话，监管部门就会给发黄牌警告，甚至直接红牌罚下。

她姐说：

在我国，能正常经营的保险公司，都是通过了这场"考试"的公司。所以保险公司无论大小，赔付能力都是有保证的。

表5-2是银保监发布的2021年上半年寿险公司偿付能力排行前15名。你会发现，那些我们耳熟能详的保险公司很多并没有出现在偿付能力排名的前15名中，反倒是很多小保险公司偿付能力反而更强，所以小公司也是有足够的钱理赔的。

表5-2 2021年上半年寿险公司偿付能力排行前15名

寿险公司	核心偿付（%）	综合偿付（%）	净利润（亿元）	2021年第一季度评级	2021年第二季度评级
中美联泰大	381	381	2.69	A	A
民生人寿	290	305	6.01	A	
中宏人寿	276.81	276.81	2.69	A	A
恒安标准	275	275	0.72	A	A
汇丰人寿	267.69	267.69	0.2	A	A
泰康人寿	259.28	259.95	67.05	A	A
招商信诺	256.95	256.95	2.25	A	A
中信保诚	241.61	268.87	6.21	A	A

续表

寿险公司	核心偿付（%）	综合偿付（%）	净利润（亿元）	2021年第一季度评级	2021年第二季度评级
中意人寿	217	217	3.62	A	A
同方全球	216	218	0.4	A	A
国富人寿	215.31	215.31	−0.36	A	A
东吴人寿	200.46	200.46	−0.53	A	A
阳光人寿	187.31	218.83	16.58	A	A
中德安联	184.94	184.94	1.15	A	A
北京人寿	179	179	0.04	A	A

资料来源：齐欣云服整理。

（二）小保险公司的理赔服务会到位吗？

我们买的每一份保险都是一份具有法律效力的合同。这份合同约定了双方的责任和义务，其中就包括出险之后怎么赔、赔多少。故意不赔这本身就是违法的。所以不会不理赔，只是理赔服务可能会略有不同。

这时，对于小保险公司理赔服务的担忧就出现了。毕竟服务是更健全的流程管理和人力建设的，小保险公司在这方面会不会比不上大保险公司？实际情况并非如此，如图5-3所示，在理赔纠纷投诉量排名前10位的人身保险公司中，我

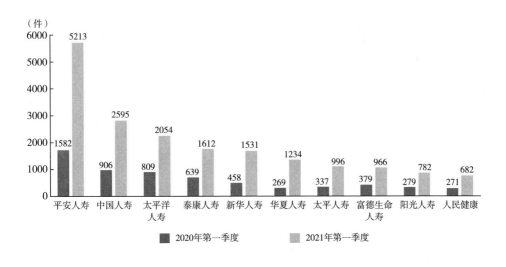

图5-3 理赔纠纷投诉量排名前10位的人身保险公司

资料来源：中国银行保险监督管理委员会官网。

们印象中的大保险公司基本都"榜上有名"。虽然这跟这些保险业务规模大也有一定关系，但是也能看出来，理赔服务的质量与保险公司大小并没有明显关系。而在理赔时间上，也就是理赔时效，基本上不超过 2 天受益人就能拿到理赔金，非常高效。

（三）小保险公司会破产吗？

在我国，保险公司是允许破产的，而且理论上保险公司也有破产的可能。但是迄今为止，我国还没有一家保险公司破产，这一切离不开严格的监管。根据我国《保险法》的规定，保险公司破产，首先要经国务院保险监督管理机构同意。经营人寿保险业务的保险公司被依法撤销或者被依法宣告破产的，其持有的人寿保险合同及责任准备金，必须转让给其他经营有人寿保险业务的保险公司；不能同其他保险公司达成转让协议的，由国务院保险监督管理机构指定经营有人寿保险业务的公司接受转让。在整个过程中，被保险人、受益人的合法权益不会受到影响。所有投保人的所有保单都继续按合同要求履行，出险有钱理赔；没出险，那些带有返还责任的年金险也照样按期拿钱。

我们国家对于保险行业的监管，有一个很让人踏实的制度——保险保障基金制度。保险保障基金是由银保监会、财政部和人民银行共同发起设立的，保险公司从投保人那里收取的商业保险保费，会有很小的比例（0.05%～0.8%）用来缴纳保险保障基金，以在保险公司被撤销、破产、重大危机、可能危及社会公共利益和金融稳定的情形用来救助保险公司。也就是说，万一遇到保险公司破产这种极端小概率的事件，保险保障基金也会给我们的保单兜底。

◆ 第十节　买完保险，记得定期给保单做"体检"

我们平时会定期给身体做全面体检，也会定期给车做保养，但你是否也会给买过的保险定期安排一场"体检"呢？其实，保单"体检"是买完保险后的一件超级重要的事情。因为随着年龄增长，我们的生活状态也在不断变化，收入变化、家庭变化等都会影响我们的保障需求。保单"体检"就是一个保险动态规划的过程，可以及时查漏补缺，将我们还没配置的保险加上，将不符合需求的保险换掉。定期对自己的保单进行"体检"，才能真正让保险更"保险"。那么，在保单体检中，我们要关注什么？

一、检查是否每个家庭成员都有配置保障

很多人都会给孩子买保险，而忽视了给自己买保险的重要性。买保险其中一个原则就是先大人、后孩子，我们可以检查一下是否每个家庭成员都有保险保障，特别是家里的经济支柱。只有保障了大人的健康和经济收入的稳定，孩子才能得到最好的保障。同时我们还要检查现有的保障，看是否保单过期、是否有忘记缴费的情况出现。

二、检查配置的保险是否能够预防当下的风险

我们要检查一下现在拥有的保单能否覆盖日常生活中的风险。一般情况下，意外险、医疗险、重疾险和寿险这4张基本保单是必备的。如果现在的保单还不齐全，最好早点配置。另外，可能很多年前买的保单，保障和保额已经不符合现在的收入水平、生活状态。比如，22岁时因为收入较低，只买了一份10万元保额的重疾险，到30岁结婚生子了，10万元保额肯定是不够的，所以这时就应该结合实际家庭情况适时补充。

三、检查是否有重复或多余的保单

保险可以重复买，但不是所有保险能重复理赔。比如，意外险中的身故责任和重疾险、寿险，不管买多少份，只要出险了，符合理赔要求就能拿到多份理赔。而医疗险是报销型的，就算买了好几份医疗险，最后也是按实际花费报销。同为报销型的财产险也是按照实际发生的损失进行赔付，最高赔付额不能超过实际损失。所以，要搞清楚我们的保单情况，以免花了钱最终还得不到理赔。

四、检查保费会不会负担过重

保险是为了保障我们的生活，但如果保险的负担大大超过了我们能承受的范围，那么就失去了购买保险的意义。参考图5-4标准普尔家庭资产配置情况，整个家庭的总保费最高不要超过家庭年收入的20%，占比以10%~20%最佳，具体占比要以家庭经济情况为准。

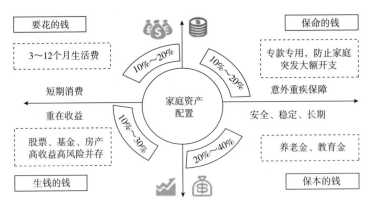

图 5-4　标准普尔家庭资产配置

五、家人是否都清楚已经购买的保险

买保险一方面是为了保障自己，另一方面是为了保障家人。所以在进行保单"体检"的时候，可以列个清单，让家人都了解已经购买了哪些保险。一旦以后出险，家人也能知道有保险可以申请理赔，能够第一时间拿到理赔金。

建议大家检查一下自己的保单和保障计划。为了更高效、便捷地整理保单，某财蜜曾在她理财社区分享了自己设计的一份保单管理表格，一张 A4 纸就能记录并了解全家老小的保障情况，及时查缺补漏，非常方便（见图 5-5）。

家庭保单一览（示例）　　日期　　2022年9月3日　　表单日期自动更新　　保费合计　14618元　保费自动求和

被保人	产品类型	保险名称	保险公司	保额（万）	生效日期	终止日期	保障期限	缴费期间	缴费方式	缴费银行卡	投保人	受益人	缴费日期	保费（元）	备注
	给谁买的	什么险	产品叫啥	哪家保险公司买的	保多少	啥时生效	啥时终止	保多久	钱交多久	怎么交	哪张卡扣款	谁交钱	赔给谁	啥时候交钱	交多少钱	记录备忘的其他相关事项
老公	意外险	锦一卫	锦泰保险	50万	2020/9/17	2021/9/16	1年	1年	年缴	招行卡1190	老婆	法定	8月17日	196	
	重疾险	达尔文焕新版	信泰人寿	40万	2021/8/17	2051/8/16	终身	30年	年缴	招行卡1190	老婆	法定	8月17日	5520	
	寿险	大麦2021	华贵保险	100万	2021/8/17	2051/8/16	至60岁	30年	年缴	招行卡1190	老婆	法定	8月17日	1090	
	医疗险	超越保2020	复星联合健康	200万	2021/8/17	2022/8/16	1年	1年	年缴	招行1190	老婆	法定	8月17日	232	
	其他															

分别记录家庭成员的保障情况　　　　　　　　　合计保费：7038

被保人	产品类型	保险名称	保险公司	保额（万）	生效日期	终止日期	保障期间	缴费期	缴费方式	缴费银行卡	投保人	受益人	缴费日期	保费（元）	备注
	给谁买的	什么险	产品叫啥	哪家保险公司买的	保多少	啥时生效	啥时终止	保多久	钱交多久	怎么交	哪张卡扣款	谁交钱	赔给谁	啥时候交钱	交多少钱	记录备忘的其他相关事项
老婆	意外险	锦一卫	锦泰保险	50万	2021/8/17	2051/8/16	1年	1年	年缴	招行卡1190	老婆	法定	8月17日	196	
	重疾险	达尔文焕新版	信泰人寿	40万	2021/8/17	2051/8/16	终身	30年	年缴	招行卡1190	老婆	法定	8月17日	5284	
	寿险	大麦2021	华贵保险	100万	2021/8/17	2051/8/16	至60岁	30年	年缴	招行卡1190	老婆	法定	8月17日	589	
	医疗险	超越保2020	复星联合健康	200万	2021/8/17	2022/8/16	1年	1年	年缴	招行卡1190	老婆	法定	8月17日	232	
	其他															

合计保费：6301

被保人	产品类型	保险名称	保险公司	保额（万）	生效日期	终止日期	保障期间	缴费期	缴费方式	缴费银行卡	投保人	受益人	缴费日期	保费（元）	备注
	给谁买的	什么险	产品叫啥	哪家保险公司买的	保多少	啥时生效	啥时终止	保多久	钱交多久	怎么交	哪张卡扣款	谁交钱	赔给谁	啥时候交钱	交多少钱	记录备忘的其他相关事项
孩子	意外险	大保镖II		20万	2022/8/17	2022/8/16	1年	1年	年缴	招行卡1190	老婆	法定	8月17日	72	
	重疾险	蚂蚁保贝		50万	2021/8/17	2041/8/16	20年	10年	年缴	招行卡1190	老婆	法定	8月17日	775	
	医疗险	超越保2020	复星联合健康	200万	2021/8/17	2022/8/16	1年（保证续保6年）	1年	年缴	招行卡1190	老婆	法定	8月17日	236	
	教育金															

合计保费：1083

图 5-5　家庭保单整理样表示例

你也可以参考这一表格样式，来设计属于自己家庭的保单一览表。

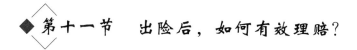

◆**第十一节　出险后，如何有效理赔?**

一、出险后，找谁理赔

很多投保人都有这个担心，即出险后，找谁理赔？

我们买的是保险公司的产品，理赔也是找保险公司。买完保险后会有保单，不管是纸质保单还是电子保单，上面都会清楚标出保险公司的联系电话，直接打上面的服务电话就可以了。如果你的保单是在第三方渠道购买的，也可以找第三方平台协助理赔。所以请大家放心，不会出现找不到保险公司理赔的情况。

二、理赔时，要做些什么

对我们来说，理赔其实很简单，要做的就这以下三件事情（见图5-6）：

出事了　　报案　　准备理赔　　等待保险
　　　　　　　　所需资料　　公司通知

图5-6　理赔流程

资料来源：齐欣云服。

（一）报案

出险后给保险公司打电话报案。除了打电话，有的保险公司还可以在官网、微信公众号等平台直接报案。这里要注意一点，出事后，建议尽早报案，有利于保险公司进行核查，也方便投保人尽早获得理赔。

（二）准备理赔所需资料

报案后，保险公司会有专门负责理赔的人员来跟进理赔，告诉投保人需要准备哪些资料，以及这些资料要寄送到哪里等。那么，可能会需要哪些资料？通常包括保险合同、身份证明材料、理赔申请书、收款账户等。不同的保险产品准备的资料也会不同，如果是报销医疗费用，还需要病历、医疗费用的发票和明细清单等（如表5-3所示）。

表5-3 四类保险的理赔材料小结

	重疾险	医疗险	寿险、意外险 （身故理赔）	意外险 （伤残理赔）
都需要的	①保险公司 ②理赔申请书 ③身份证明材料 ④收款账户			
不同保险还要的	疾病诊断证明或手术证明	①病历 ②医疗费用发票 ③医疗费用明细清单	①死亡证明 ②户籍注销证明 ③受益人关系证明	①伤残鉴定书 ②事故证明材料

注：以上仅供参考，具体情况以保险公司所需材料为准。

出险后，具体需要哪些材料，理赔人员会告诉我们。准备好资料以后，寄给保险公司就可以了。

（三）等保险公司通知

提交过资料后，我们等通知就可以了。保险公司会有专业核赔工作人员开展审批，假如案子简易，额度较小，且理赔资料完整，审核的时间一般是5~10天；如果情况比较复杂，《保险法》也规定了，要在30天内给投保人一个结论，不会拖很久（见图5-7）。

资料提交给 保险公司审核 10天内打款
保险公司 （一般5~10天，
 最晚30天）

图5-7 保险理赔审核打款流程

资料来源：齐欣云服。

如果审核没问题，就可以赔偿，一般在10天内保险公司就会把理赔的钱打到账户里。一些保险公司还有小额快赔通道，只要在官方平台上传需要的资料，通常 2~3 天就能收到理赔金，非常高效。

前面说的是比较顺利的情况，如果资料不全，则需要我们补齐资料后再继续审核。所以，尽量一次备齐需要的资料，这样理赔的速度才能更快。

她姐说：

这个理赔的过程，我们要做的就是报案、寄送资料、等待理赔结果这三件事，其实非常简单。

第六章
理财产品详解：
手把手教你理财

◆ **第一节　几乎零风险的投资——国债及国债逆回购**

从理论上说，所有的投资都是有风险的。但有一种投资品几乎零风险，它就是储蓄国债。如果你厌恶风险，或是想在配置中增加低风险投资品，那么国债以及国债逆回购就是个很好的选择。

一、国债的风险、收益、流动性

国债，顾名思义，就是国家发行的债券，又称国家公债、金边债券，是以国家信用为基础，是中央政府向投资者出具的、承诺在一定时期支付利息和到期偿还本金的债权债务凭证，因此具有最高的信用度。

面向个人投资者发行的国债，也是适合普通投资者购买的国债是储蓄国债。目前，储蓄国债发行是提前确定票面固定利率的，在发行前会公布，以 3 年期和 5 年期两种期限为主。按照我国财政部 2021 年公布的信息，3 年期储蓄国债的年利率是 3.8%，5 年期储蓄国债的年利率是 3.97%，两种期限的购买门槛都为 100 元。可见，与同期的银行定期存款相比，国债具有一定的利率优势。

我们再来看看流动性，既然储蓄国债的期限是 3 年和 5 年，从时间上可以满足投资者中长期限的投资需求，所以很多人会问：买了国债会被锁定 3 年或 5 年吗？如果急用钱想提前支取尚未到期的国债可以吗？答案是：可以提前支取，但利息就不是按照之前约定好的 3.8% 或者 3.97% 计算了，会有一些利息上的损失，具体如何计算我们会在后文中说明。

二、国债的购买渠道和付息方式

目前我们常说的适合普通投资者购买的国债叫储蓄国债，储蓄国债有两种类型，一种是凭证式国债，另一种是电子式国债，它们在购买渠道和付息方式上有较大不同。

（一）凭证式国债

凭证式国债具有以下三个特点：一是投资者在银行购买后，会得到一张"中华人民共和国储蓄国债（凭证式）收款凭证"，万一丢了可以去银行挂失。二是到期一次还本付息。比如，购买 1 万元的 3 年期凭证式国债，按年利率 3.8% 计算，3 年后会一次性给付本金 1 万元及利息 1140 元，共 11140 元。三是需前往银行柜台购买和兑付。

（二）电子式国债

电子式国债稍微灵活一些，既可以在银行柜台购买，也可以通过网上银行购买。电子式国债的付息方式是每年付息一次。比如，购买 1 万元的 3 年期电子式国债，按年利率 3.8% 计算，每年都能收到 380 元利息。这意味着可以把每年收到的利息继续用于其他投资，相当于是复利计息了。因此，如果没有其他特殊情况，可以优选电子式国债。

三、提前支取国债，利息如何计算

前面提到如果提前支取国债是要有利息损失的，那么具体如何计算？凭证式国债是按照实际持有时间和相对应的分档利率计息的，具体如表 6-1 所示。举个例子，小明购买了 1 万元 5 年期凭证式国债，在第 3 年零 10 天的时候要求提前兑付，那么他可以拿到的利息是 $10000 \times 4.01\% \times (3 + 10 \div 365) = 1214$ 元。

表 6-1　凭证式国债提前支取分档利率

实际持有时间	分档年利率（%）
不满半年	不计利息
满半年不满 1 年	0.74
满年不满 2 年	2.74
满 2 年不满 3 年	3.49
满 3 年不满 4 年	4.01
满 4 年不满 5 年	4.15

资料来源：财政部。

电子式国债是根据实际持有时间，按照之前规定好的票面利率（3.8% 或 3.97%），扣除一定天数的利息，具体如表 6-2 所示。还是上面那个例子，小明购买了 1 万元 5 年期的电子式国债，在第 3 年零 10 天的时候要求提前兑付，那么他可以拿到的利息是 $10000 \times 3.97\% \times (3 \times 365 + 10 - 60) \div 365 = 1136.62$ 元（其中前 3 年的利息每年付息一次）。

表 6-2　电子式国债提前支取扣息天数

实际持有时间	扣除利息天数
不满半年	不计利息
满半年不满 2 年	180 天
满 2 年不满 3 年	90 天
满 3 年不满 5 年	60 天

资料来源：财政部。

另外要注意的是，无论是凭证式国债还是电子式国债，只要你提前支取了，都需要向代销银行支付兑取本金的 1‰ 作为手续费。比如，兑取 1 万元，手续费就是 10 元。

四、购买国债的实操技巧

我国的国债发行时间是相对固定的，为每年 3 ~ 11 月的 10 日。但是买过国债的人都知道，每一期国债的发售都非常紧俏，所以如果你也想购买国债，可以尝试以下小技巧：

（一）提前开通"国债托管账户"

如果你打算购买电子式国债，建议通过网上银行进行操作。目前网上发售电子式国债的时间是发行当日早上 8 点半，可提前几分钟登录网上银行购买，但你需要提前开通"国债托管账户"。方法很简单，直接在网银上找到国债购买入口，按照要求一步步操作就行。需要注意的是，目前不是所有银行都支持网银购买，可以给银行的客服打电话确认一下。

（二）多关注几家银行

目前，有 40 多家代销银行可以发售国债，网点超 8 万个。而且各个银行的代销额度也不一样，可能会存在某个银行卖完了其他家还有的情况。所以，可以多关注几家银行，如果在一家没买到，也许还可以去其他家碰碰运气。

五、"国债逆回购"又是什么意思？

对于国债想必大家都已经了解了，"国债逆回购"又是什么意思？我们先来看一个例子：李雷这几天需要用钱，但是手头略紧，他只有一辆私家车。他的朋友韩梅梅手里刚好有点闲钱，最近也没找到合适的投资产品，于是李雷把车当作抵押物交给韩梅梅，韩梅梅把他的钱借给李雷使用。等李雷的资金得到周转后，连本带息把韩梅梅的钱还给她，之后韩梅梅再把车还给李雷。

李雷手里有车但没钱，对他来说，管韩梅梅借钱的操作叫正回购（也就是融资方）；而对于韩梅梅这个手里有闲钱的人来说，借给李雷的操作叫逆回购（也就是融券方）。

国债逆回购就可以这么理解：有些金融机构可能在短期内遇到资金紧张的情况，而它们手里又恰好有国债（相当于李雷的车），所以它们就把国债质押给你，向你借钱，到期后再把本金和利息还给你，然后你再把国债还给它们。所以，从本质上看，国债逆回购就是一种短期贷款。

（一）从风险上看，国债逆回购几乎零风险

刚才我们提到，国债逆回购质押过来的基本上都是国债这类高级信用等级的债券。如果融资方还不上你的钱，那么你就拥有了它质押过来的国债，而国债基本属于无风险资产，相当于你的投资有这类资产兜底。当然，也可能不全是国债，可能还包括一些优质公司发行的 2A、3A 级别的企业债券。所以整体上看，国债逆回购的风险是非常低的，安全性非常高。

（二）从收益上看，国债逆回购在某些时点可以获取"高"收益

国债逆回购的收益率是实时变动的，但在大多数交易时间中比较稳定，年化收益率普遍为2%~4%，比银行活期储蓄收益高，与银行活期理财和货币基金的收益相当。不过，在临近季末、年末、节假日前这几个特殊时点上，逆回购的收益率常常会高一些。因为这时候通常是市场资金面紧张、需要钱的时候，如果央行再进行一些正回购的操作（把市场上的钱收回来），那逆回购的利率会更高。尤其是1天、2天、3天这种短期的逆回购，算下来会达到10%以上年化收益率的水平。

（三）从流动性上看，国债逆回购的期限多样，流动性强

国债逆回购按照资金的出借天数，分为1天、2天、3天、4天、7天、14天、28天、91天和182天共9个交易期限，我们可以根据资金的流动性需求任意选择出借天数。出借到期后，资金会自动到账，可以第一时间用于股票或场内基金等投资交易。

（四）国债逆回购的操作方法

想知道具体怎么进行国债逆回购，可以先来了解一下国债逆回购的品种和分类。如表6-3所示，国债逆回购分为两大类，分别是上海证券交易所，即沪市（一般以"GC"开头）以及深圳证券交易所，即深市（一般以"R"开头）。两市中的逆回购，又按照出借期限各自分为9种，也就是我们前面提到的1天、2天、3天、4天、7天、14天、28天、91天、182天的逆回购。虽说期限种类很多，但是建议大家重点关注7天以下的国债逆回购，因为长期的逆回购收益并没有什么明显优势。

表6-3　沪深两市国债逆回购

上海证券交易所			深圳证券交易所		
名称	代码	期限	名称	代码	期限
GC001	204001	1天	R-001	131810	1天
GC002	204002	2天	R-002	131811	2天
GC003	204003	3天	R-003	131800	3天
GC004	204004	4天	R-004	131809	4天
GC007	204007	7天	R-007	131801	7天
GC014	204014	14天	R-014	131802	14天
GC028	204028	28天	R-028	131803	28天
GC091	204091	91天	R-091	131805	91天
GC182	204182	182天	R-182	131806	182天

资料来源：某券商国债逆回购交易专区。

了解了逆回购的种类，投资前还要知道投资门槛。根据《上海证券交易所债券交易规则》，沪深两市购买国债逆回购的门槛都是 1000 元，并以 1000 元的整数倍递增，这意味着即使账户里只有 1000 元，也能参与。

那么，如何进行国债逆回购的交易？

第一步，拥有一个证券交易账户。其实交易国债逆回购跟买卖股票是一个原理，所以也在证券交易系统中完成。通常国债逆回购会被单独放在交易栏中，便于查找和操作，如图 6-1 所示。

图 6-1　国债逆回购操作（交易栏）

如果在账户中没有找到单独的交易栏，也可以直接在搜索框内输入代码进行查询，如图 6-2 所示。

图6-2 国债逆回购操作（直接搜索代码）

第二步，选好要买的产品，点击"委托卖出"或"借出"，再输入借贷年利率和借出金额，即可完成交易，如图6-3所示。

图6-3 国债逆回购操作（"借出"）

你可能会问，明明我在投资，为什么要"委托卖出"或者"借出"？因为国债逆回购的本质是短期贷款，而我们作为资金的出借方，是拿着手里的钱借给别人，所以是"借出"或者"委托卖出"。

另外，交易系统会显示实时的交易价格，我们可以按实时的利率借出，也可以输入一个自己期望的利率值。但是输入时不能太"任性"，除了几个特殊阶段，其他时间段的利率不会太高，波动也不大，如果填得太高可能无法成交。

第三步，到期赎回，扣除手续费，资金到账，获得实际收益。在很多交易系统中会显示出国债逆回购到期后的收益，如图 6-4 所示，深市和沪市都会显示出每千元收益。

品种	年化收益率	每1000收益	计息天数/资金可用
1天期 > GC001 204001	**1.590%**	0.13	3天 2022-10-14
2天期 > GC002 204002	**1.550%**	0.17	4天 2022-10-17
3天期 > GC003 204003	**1.580%**	0.17	4天 2022-10-17
4天期 > GC004 204004	**1.530%**	0.17	4天 2022-10-17
7天期 > GC007 204007	**1.620%**	0.31	7天 2022-10-20
14天期 > GC014 204014	**1.645%**	0.63	14天 2022-10-27
28天期 > GC028 204028	**1.705%**	1.31	28天 2022-11-10
91天期 > GC091 204091	**1.830%**	4.56	91天 2023-01-12
182天期 > GC182 204182	**1.835%**	9.15	182天 2023-04-13

深市(1千起)　　沪市(1千起)

图 6-4　国债逆回购操作（沪市到期收益）

这里的实际收益并不等于收益率乘以本金，因为这里标出的是年化收益率，所以需要算出实际持有天数的最终回报并减去手续费（很低），最后才是我们拿到手的收益。即：

预期收益＝借出金额×交易价格（即利率）×计息天数÷365

手续费＝借出金额×对应品种手续费

到期收益＝预期收益－手续费

比如，韩梅梅用 5 万元按照 5% 利率进行 3 天国债逆回购，手续费很低因此可以暂时忽略，那么 3 天后的实际收益为 $50000 \times 5\% \times 3 \div 365 = 20.5$ 元。

◆ 第二节　银行理财无风险？看了才知道

提到"银行理财"，很多人的印象都是"稳"。但是从 2018 年开始，国家先后出台了《关于规范金融机构资产管理业务的指导意见》（以下简称《资管新规》）和《商业银行理财业务监督管理办法》（以下简称《理财新规》），明确要求要打破刚性兑付，所以，历来受到青睐的银行理财产品也就在一定程度上受到了冲击。

过去，把钱交给银行，不论它们的投资是亏是赚，都能保证本金的安全。而在《资管新规》和《理财新规》出台后，理财产品要求净值化管理，意思就是不会再给理财产品设定一个到期收益率了，而是像基金那样按照净值申购和赎回。这种情况下，如果投资者购买一款银行理财产品时净值是 1 元，到了封闭期结束可以赎回或者想要提前赎回时，净值可能是 1.1 元，这就赚了 10%（不考虑交易费用），也可能是 0.9 元，即赔了 10%（不考虑交易费用）。这个收益是浮动的，不再是保本保息了。

其实，打破刚性兑付对投资者来说未尝不是一件好事。投资收益其实就是对风险的补偿，且投资必然有风险。如果一直保本保息只能在口头上回避风险，一旦风险暴露，不仅投资者承受不了，严重时还会导致范围更广的公共风险。而打破刚性兑付，让投资人自主分辨产品，客观看待投资风险，才能明白自己的需求，进而购买适合自己风险承受能力的产品，不至于为过高风险承担不必要的损失。

如果你还是喜欢原来那种银行理财产品保本保息的踏实感，那么不妨重点关注银行中的低风险理财产品。这种低风险产品的发行量还是很高的，占总产品的比重将近八成，可以满足大部分低风险偏好的投资者对"稳"的追求。

一、银行理财产品的风险划分

根据产品的风险特性，银行一般会将理财产品按照风险等级由低到高分为R1（谨慎型）、R2（稳健型）、R3（平衡型）、R4（进取型）、R5（激进型）。具体来说，R1级别几乎等同于无风险产品，适合所有的投资者购买。R2～R3级别虽然有风险，但从实际的运作来看，风险发生的概率较低，适合大多数稳健型投资者。R4～R5级别的产品因为投资中会涉及股票、外汇、商品等高波动性的金融资产，而且部分产品还可能采用杠杆进行投资，所以风险较高，只适合小部分具备较高风险承受能力的投资者。

我们提到的低风险银行理财，一般是指R1、R2、R3这几类产品。这类产品的投资标的多为银行存款、债券逆回购、资金拆借、债权资产、资产管理计划、信托计划等货币市场类资产和固收类资产。

二、如何看懂理财产品说明书

银行的理财产品虽然直接划分了风险等级，但只有全面认识产品，详细了解自己买的是什么，才能匹配好风险承受能力，做好风险控制。简单来说，认识理财产品就是要看懂产品说明书，主要有以下几个要点：

（一）看理财产品的"身份证"

在银行理财产品的介绍说明书中，会有一个全国银行业理财信息登记系统编码，这个编码相当于这款理财产品的身份证号码。如果担心产品来源，可以前往"中国理财网"查询产品的真假，防止银行违规销售。

（二）看期限和业绩比较基准，预估到期收益

期限代表了产品的流动性。一般来说，流动性越好，风险相对越低。另外，利率的高低和风险成正比，较高收益必然要面对较高风险。大家需要注意关于利率的表述，在《资产新规》和《理财新规》出台后，已经把"预期收益率"这个说法改成了"业绩比较基准"。

（三）看风险等级、投资方向和范围，了解产品的真实风险

在产品介绍中，银行会直接表明它的风险等级。R1、R2、R3这几个中低风险级别主要投向低风险资产，但落实到具体的理财产品上，投资方向和范围略有不同，需要在产品说明书中进行确认。当然，一些银行出于平摊风险、保证一定

的流动性等目的，投资的都是金融产品的组合，所以不会对每一项底层资产进行详细披露。

（四）弄清交易规则，做到买入赎回都心里有数

购买银行理财产品时，有三个日期需要我们了解，分别是认购期（或募集期）、起息日和到期日。认购期通常为5~7天不等，投资者只能在此期间购买，购买后资金将暂时被冻结，并且只能按照活期利率计息，直到产品正式运作，进入起息日。到期后，不同银行的不同产品赎回规则也不同，如有些是到期自动还本付息，有些是月付，有些资金T+3日内到账，而有些快的是T+0，当天即可到账。

（五）了解一些费用成本

理财产品会给我们带来收益，即以"业绩比较基准"作参考，但你的净收益还得扣除投资管理费、托管费、销售费及税费等一些投资成本。目前，这些费用不会单独向投资者收取，而是已经在产品中进行扣除。但是随着银行理财产品的净值化，这些费用还是应该被考虑进去的。

三、低风险银行理财的一个特例——结构性存款

提到风险和收益的正相关性，即所谓高风险高收益，就会有人问，难道就没有风险不是那么高但是收益稍微高一点的产品吗？银行为了满足这部分人的需要，就开发出了结构性理财产品。

什么是结构性产品？一般来说，结构性产品会将资金投向两个部分，占比较大的一部分资金投资于大额存单、固定收益类的债券与票据等风险较低的领域，以求最大限度地确保本金是安全的；占比较少的部分则投资于股票、期权、期货、外汇、黄金等高风险领域，以求博取潜在的高收益。

结构性存款与之类似，它指的是在传统存款的基础上，加上了一个金融衍生品的架构。同样，结构性存款中的钱大部分就在存款账户中，一小部分则拿去做了激进型投资，赚了就可以获得一些相对高的收益，赔了还有兜底的存款利息收入。因此，结构性存款本质上还是存款，受到《存款保险条例》的保护，所以整体上看，风险等级还是很低的，可以作为保守型或者稳健型投资者的选择之一。

总而言之，银行的低风险理财产品在市场上还是数量很多的，其稳健的特性

适合大多数投资者购买，且产品简单、购买门槛低，是家庭资产配置结构中低风险部分的不错选择。

◆第三节　券商的低风险理财产品，值得买吗？

说起理财产品，很多人会认为"去银行买理财产品风险低，去券商买股票风险高"。银行也有高风险的理财产品和代销高风险的基金产品，券商作为金融机构，也有不同风险、不同层次的资金管理业务。下面她姐就向大家介绍一下券商里的低风险理财产品。

一、什么是券商理财？

券商理财，顾名思义就是由证券公司发行理财产品，集合客户的资金，将其投资于股票、债券等金融产品上，理论上风险和收益介于储蓄和股票之间，多以中低风险为主。券商理财产品大体上可以分为三类：资产管理计划、收益凭证和质押式报价回购产品。

（一）资产管理计划

资产管理计划简称券商资管，指券商开展帮人管钱的业务，包括集合资产管理计划、专项资产管理计划、定向资产管理计划等。

1. 集合资产管理计划

集合资产管理计划的产品逻辑和银行理财产品差不多，即投资者把钱委托给证券公司，证券公司拿着这笔钱到市场上投资各种金融产品，如银行存款、货币基金、债券、股票等。集合资管计划也有风险等级，其中的低风险等级的资管产品还是很稳健的，一般年化收益率在3%~4%，期限有长有短，投资者根据自身需求选择投资。

2. 专项资产管理计划

专项资产管理计划是证券公司以管理人身份发起的资管计划，委托人人数不能超过200人，在投资范围上没有具体限定。但专项资产管理计划一般很少，是进行其他业务类型的一个通道和平台。

3. 定向资产管理计划

定向资产管理计划是证券公司接受单一客户委托，与客户签订合同，根据合同约定的条件、方式及限制，通过专门账户委托管理资产。所以从性质上说，定向资产管理计划像是银证合作产品，和普通投资者关系较小。

（二）收益凭证

收益凭证是指证券公司向合格投资者发行的，约定本金和收益的偿付与特定标的相关联的有价证券。仔细看，这不是既保本又保收益吗？因为券商收益凭证的背后，不是我们把钱交给券商帮忙投资自负盈亏，而是借钱给他们。通俗点说，收益凭证就是短期债券，证券公司向客户借钱，然后约定期限，一般都是 1 个月、3 个月、6 个月内的短期还本付息。因为收益凭证的发行主体为证券公司，所以安全性较高。另外，这类的产品类型也比较多，投资期限较短，灵活性较好，投资门槛以 5 万元居多。

（三）质押式报价回购

质押式报价回购是符合条件的投资者与其指定交易的证券公司之间、通过上交所交易系统交易的特定债券质押式回购。通俗点说，就是证券公司把债券拿出来质押，然后通过系统算出一个数量，向投资者融资。一段时间后，投资者按照规定收回之前的资金并获得相应的收益。这个逻辑可以参考国债逆回购。概括来看，这个业务也是证券公司在向客户借钱，从投资者角度来说，可以看作是券商提供给客户的现金管理工具，可以让闲置的资金保值增值。

这几类产品的风险情况和投资门槛如表 6-4 所示。

表 6-4　三类券商理财产品的风险和投资门槛

类别	风险情况	投资门槛
资产管理计划	因投资范围而定	5 万元、10 万元、100 万元不等
收益凭证	低	5 万元起
质押式报价回购	低	部分券商 1000 元起，部分 5 万元起

二、券商理财和公募基金有什么不同？

看到这里，投资者可能会问："收益凭证和质押式报价回购就是借给券商，然后等着拿利息，资产管理计划是请券商帮忙投资，这和公募基金不是一样的吗？"

的确，资产管理计划和公募基金有一定的相同点，都是集中投资者的钱交给专业的研究队伍进行管理，均以权益类和固定收益类产品为主要投资目标，且投资人的资产均设立专门账户，由独立的托管银行进行托管。不过，两者也有很多不同点。

（一）门槛不同

无论是哪种券商理财，对客户的资金门槛均有一定的要求，资金最少要达到5万元以上。而公募基金的认购门槛就很低了，一般以1000元为起点，定投的话100元就可以了。

（二）募集方式不同

公募基金是可以公开宣传的，募集范围很宽，而券商的集合理财产品是不能公开宣传的，所以募集范围相对较窄。

（三）收益不同

券商的收益凭证和质押式报价回购是固收类的产品，而公募基金无论如何都是不能提前确认收益的。对于券商集合理财，其投资范畴和公募基金是基本一致的，但券商本身的收益还有业绩分成，所以和公募基金管理人只拿管理费作为收益是不同的。

三、在哪里购买券商理财产品？

了解了券商理财的产品逻辑，投资者要去哪里购买这类产品？很简单，主要有两条路线：

第一，券商直销。看上哪家证券公司就去其官网、App、微信公众号注册、绑定、充钱，看看产品的期限和收益，需要哪个买哪个。

第二，第三方代销。一些规模较大的第三方代销平台一般都会有一个券商理财产品的专区，主要卖的就是前面讲的集合资产管理计划。

她姐说：

券商理财产品也是在中国证监会备案过的，所有募集资金都会在指定银行进行严格的托管，就像是银行理财的"兄弟产品"，安全性足够高。如果你还没接触过券商理财，不妨开个户看一看，其不失为一个低风险投资的好渠道。

◆第四节　不懂股票、不看财报，照样能稳健赚钱！

对于股票来说等来涨停固然很棒，但遇到跌停也是常有的事，所以对于大部分普通投资者来说，投资股票的风险比较大。而且，从长期历史数据来看，散户也很难跑赢市场。就拿"长牛代表"的美股来说，1998~2017年，标普500指数的平均年化收益率是7.2%，而散户的平均年化收益率是2.6%，只比期间平均通货膨胀率2.1%高了一点。

除了风险较高之外，想做好股票投资，还需要具备财务、法规等专业知识。比如，具备财务知识，可以帮助投资者看懂上市公司的财报，对公司的财务健康状况和发展前景做出判断；具备法规知识则可以帮助投资者弄懂资本市场的各种规则。只是，这些专业知识的积累，需要投资者花费大量的时间和精力才能获得。而且对于很多"上班族"来说，也没有那么多时间系统学习投资知识，大部分人最后都是"赤身"在股市中肉搏，这种风险无异于是在"赌博"。

当然也有人会说，我不投股票，把钱放在银行不就行了吗？在存款利率较高时，大家都会选择把钱存在银行。但随着市场利率不断降低，把钱放在银行里，不仅收益降低，而且拉长时间看连通货膨胀都很难跑赢。所以大家还是要进入股市，只不过不是通过交易股票的方式，而是选择一个更省心、赚钱概率也更高的方式——基金，使我们的钱实现保值增值。

一、什么是基金？

从广义上说，基金是指为了某种目的而设立的、具有一定数量的资金。不过，在理财投资中，基金一般指的是证券投资基金，也就是说，这笔基金是用于证券投资的，它是一种利益共享、风险共担的集合投资理财方式。我们平常说的基金没有这么宽泛，更多的是指公募基金。它的投资模式是：通过发行基金单位，集中投资者的资金，由基金托管人托管（一般是银行），然后由基金管理人，也就是基金管理公司来管理和运作这笔钱，他们拿着这笔钱再去从事股票、债券等金融工具的投资。简单来说，就是你把钱托付给基金公司，由专业的投资机构帮你投资，获取的收益归你所有；当然，如果出现亏损，亏损也要自己承担。

这里还有一个细节，表面上看是你把钱托付给基金公司，但实际上你买的是某只特定的基金产品，而不同的基金产品都是由不同的基金经理来管理的。这也正是大家常说的挑选基金，尤其是主动挑选管理型基金，要先选基金公司，再选基金经理的原因。

二、比起股票，为什么普通人更适合投资基金？

首先，通过投资基金，我们可以间接买到很多不容易买到的投资品，如原油产品、一级市场的国债等。作为基金公司，它们有这样的资质和资金量级，普通投资者可以通过投资基金间接参与这些投资。

其次，公募基金投资门槛较低。市面上很多理财产品都是万元甚至百万元起购。相比之下，基金的门槛比较低了，现在大部分公募基金的申购门槛是100元甚至低至10元，这就为许多资金量较少的投资者提供了一个很好的投资渠道。

最后，基金本身自带组合属性，在一定程度上能够分散投资风险。基金的本质其实就是聚小钱、办大事。基金把散户的钱都放在了一起，分别投资于股票、债券、银行存款等不同领域的理财产品中，在一定程度上分散了风险。即使其中某一类产品崩盘，也不会对整体基金造成毁灭性的打击。

三、基金是怎么赚钱的？

基金赚钱，主要还是靠基金经理们的"神操作"，即基金经理利用他们的专业知识，通过投资增加基金净值。这里说的基金净值，一般指的是单位净值，也就是每份基金单位的净资产价值，等于基金的总资产减去总负债后的余额，再除以基金全部发行的单位份额总数。基金的初始净值都是1，也就是每份基金的价值等于1元，随着市场的波动，基金净值会出现涨跌。如果你买的是新发基金，单位净值大于1，就赚钱了；相反，单位净值小于1，就出现了账面亏损。

不过，基金的单位净值也不能完全体现基金的涨跌，因为这其中还涉及基金分红。基金分红，是指基金将收益的一部分以现金或折算成基金份额的形式派发给投资者，这部分收益其实就是净值的一部分。基金的分红方式有两种，分别是现金分红和红利再投资，不管你在哪个渠道购买基金，默认的分红方式都是现金分红。所谓现金分红，就是直接将红利以现金形式打到你的账户上，而且不用支付赎回费。如果你不打算长期投资，或者市场长期震荡，选择现金分红的方式比较合适。所谓红利再投资，就是将所分得的现金红利再次投资到该基金里，这样做既可以免掉再投资的申购费，而且再投资所获的基金份额还可以享受下次分红。如果打算长期投资，选择红利再投的方式是比较适合的。如果大家在投资过程中想把现金分红改成红利再投资，需要在购买平台上手动操作。一般在基金页面的"分红方式"栏中修改对应基金的分红方式即可。

其实长久以来，公募基金的业绩还是非常不错。据基金业协会的数据显示，截至2018年底，股票型基金年化收益率平均为14.1%，债券型基金年化收益率平均为6.9%，显著高于市场无风险收益投资品水平。

四、有没有既省心又能踏实赚钱的基金？

结构性行情中，市场难免出现较大波动，就连不少热门行业基金和股票都会下跌。在这种的市场行情下，有没有一种既省心又能踏实赚钱的基金产品？还真有，而且相信大家也很熟悉，它就是货币型基金。货币型基金可以说是新手理财入门最基础的工具了，余额宝等"宝宝"类产品其实都属于货币基金的范畴。

（一）什么是货币型基金？

货币型基金是一种将基金资产全部投资于短期货币市场工具的基金，如现金、一年以内的银行定期存款、大额存单，或是剩余期限在一年以内的债券、债券回购、银行票据等无风险或者低风险的资产。正因如此，货币型基金是所有基金产品中风险最低的。

（二）货币型基金有什么特点？

1. 操作便捷

货币型基金的申购和赎回均无手续费，门槛极低，最低0.01元起购，非常适合用于存放紧急备用金和日常闲钱，可以把它当作现金管理工具使用。

2. 风险极低

由于货币型基金的投资标的均属于低风险和几乎零风险的资产，所以货币型基金本身的风险极低，具有"准储蓄"的特征。

3. 流动性强

货币型基金具有高流动性的特征，到账时间非常快，赎回的当日或下一个交易日就能到账。一般来说，1 万元以内的货币基金可以实现 T+0 日赎回，赎回金额若超过 1 万元，则需等到 T+1 日回款。当然，具体各家平台的转出到账限额会有所差异。

4. 收益不高

衡量货币型基金的收益一般会用到两个指标：七日年化收益和万份收益。其中，七日年化收益是指货币型基金 7 个自然日每万份基金份额平均收益折算出来的年收益率，这个收益率统计的是该货币型基金最近 7 日内的平均收益水平，是用来估算近期收益水平的；万份收益指的是当前某一时刻，1 万元的某货币型基金能产生的收益，这是一个静态指标。近年来，随着市场利率逐步下行，货币型基金的收益也越来越低。以大家熟知的余额宝为例，从 2014 年巅峰时期近 7% 的七日年化收益率，到如今只有 2.296%（数据截至 2021 年 1 月 10 日）。

总体上看，货币型基金具有操作便捷、风险极低、流动性强、收益不高等特征，虽然不适合将它作为主要的资产配置工具，但拿它来存放紧急备用金或是日常闲钱还是不错的，至少能保证这部分钱能随用随取，而且还能额外赚点小利息。

（三）如何买到合适的货币型基金？

虽然货币型基金收益下降是不可避免的大趋势，但在这种市场环境下，该如何尽可能地挑选出更赚钱的货币基金？大家可以从以下三点入手：

1. 尽量选择成立时间较长的货币基金

虽然与偏股型基金相比，货币型基金的管理差异所带来的增厚收益差别不大，但一般情况下，货币型基金的成立时间越长，基金管理团队的经验就越丰富，收益波动也会相对平稳一些。

2. 基金规模要适中

很多人认为，货币型基金的规模越大越好，其实不尽然。虽然货币型基金的规模普遍比其他类型的基金大很多，但如果货币型基金规模超千亿元甚至万亿元时，管理难度也是很大的，基金经理的操作也会趋于保守，如大比例地持有现金，这样一来，收益也就会相对较低。一般来说，建议选择 100 亿~400 亿元规模的货币型基金，既能保证货币型基金的流动性，又比较方便基金经理进行灵活管理。

3. 散户持有比例越高越好

不仅普通投资者愿意用货币型基金管理闲钱，很多大型机构同样有现金管理的需求，它们的投资量一般较大，体量普遍超亿元。也就是说，一旦机构有赎回操作，对货币型基金的稳定性和收益水平都会有一定影响。因此，建议大家尽可能选择散户比例超过 60% 的货币型基金，这样就可以尽可能地避免巨额申赎产生的收益波动。这项信息大家可以在基金持有人结构中查到。

除了收益率之外，购买是否方便也是一个很重要的选择维度，因为货币型基金的购买渠道非常多，通过银行、基金公司官网、证券公司、第三方基金销售平台等都可以买到货币型基金。大家在购买货币型基金之前，可以根据自己的投资习惯选择平台进行购买。比如，如果是证券账户的闲钱，可以买场内货币型基金，它的交易操作和股票差不多，有交易佣金，门槛通常 10000 元起，赎回时能够实现 T+0 日到账；如果是工资卡里的闲钱，则可以选择网银 App 中收益较高的货币型基金来投资等。

（四）购买货币型基金的必备技巧

货币型基金的买卖操作虽然非常简单，但这其中也是有很多技巧的，主要需要注意以下三点：

1. 尽可能选择市场资金面紧张时购买

市场资金越紧张，货币型基金的收益率就越高。一般来说，月末、季末、年中和年末时，市场上的资金面相对平时要紧张些，此时的货币型基金收益率大概率会比平时高一点，建议大家可以在这些时间节点买入货币型基金。

2. 周五和节假日前一天不申购

作为基金家族的成员之一，货币型基金的交易规则也是按照基金交易的工作日原则执行的。如果在周五申购货币基金，周五、周六、周日三天是没有收益的，相当于浪费了三天的时间成本。同理，法定节假日前一天申购，下一个交易日确认并开始计息，这样就会损失中间假期的收益。以 2020 年的国庆节假期为例：如果你想享有国庆 8 天的长假收益，就要在 9 月 29 日（周二）下午 3 点前买入，9 月 30 日（周三）确认并开始计息。不过需要注意的是，部分基金会在节假日来临前几天就停止申购，所以尽量早点买入，但具体还要看各家基金的通知。

3. 尽可能选择流动性好的货币型基金产品

目前不同平台的货币型基金产品的申赎规则略有差异，尤其是在单日限额和赎回时长这两点上需要尤为注意。一般来说，货币型基金的赎回到账时间在 T+0

日到 T+2 日不等，建议大家在选购前仔细看看交易规则，尽可能选择到账快的渠道购买。毕竟各家货币型基金的收益差别不会特别明显，我们买它主要图的是高流动性，不能用钱时却到不了账。

五、大热的"固收+"产品到底是什么？

债券型基金素来都有波动率低、收益稳健的特点，但有时在震荡行情中，债券型基金也同样会出现一定程度的净值调整。虽说调整幅度不大，但也着实让买债券型基金，特别是企图购买纯债型基金避险的投资者很是不解"说好的稳健呢"？下面，她姐为你揭秘债券型基金价格波动的秘密，并介绍几个能控制波动风险、获取稳定收益的"固收+"产品。

（一）债券型基金净值波动的秘密

想弄懂纯债型基金净值下跌的原因，不妨先来盘点一下纯债型基金是靠什么赚钱的。

渠道一：票面利息收益。票面利息收入，就是债券型基金本身所持有的债券在持有期间产生的利息收入，这部分收益是很稳定的。比如，债券面值为 100元，息票率为 4%，每年付息一次，在债券到期之前，每年就会收到债券的 4 元利息收入。

渠道二：债券的价差收入。债券的价差收入是指在持有期间，根据债券二级市场价格变动或买卖债券赚取的差价所获得的超额收益，并且变现的流动资金可以进行再投资，获取更高利息的债券。比如，投资者在二级市场买入债券时价格为 110 元，如果债券的价格上涨为 115 元，投资者卖出债券就赚到了 5 元收益。

渠道三：债券回购。通过回购业务将持有的债券质押出去获得更多资金，之后再把这些资金继续投入债券市场，这样就可以获得额外的杠杆收入。不过监管对于杠杆比例是有限制的，一般开放式基金的杠杆比例不能超过 140%，封闭式基金的杠杆比例可以达到 200%。

如果我们放眼于整个债券型基金，其实赚钱渠道还有两个：一是股票投资收入。这个赚钱方式针对的是二级债基。所谓二级债基，就是在基金持仓中，可以留有不超过 20% 的仓位来投资股票等权益类资产，即通过参与二级市场进行股票投资提高基金收益。二是可转债增值。可转债既具有债性又具有股性，当持有的可转债公司的股价有上涨趋势时，可转债中的股性价值就会超越其作为固定收益类债性价值，转股后卖出以提高整体收益。

（二）债券型基金净值波动与什么有关？

债券基金净值波动主要与第二个赚钱渠道，也就是债券的价格有关。影响债券价格的因素有三种，分别是违约概率、流动性和市场利率的波动。其中，市场利率的波动是最主要的影响因素。

市场上常用的利率参考基准主要有三种，分别是央行公布的存贷款基准利率、上海银行间同业拆放利率（Shibor）和十年期国债收益率。由于我国采取的是利率双轨制，所以央行给出的基准利率对债券市场的参考意义不是很大；而Shibor利率主要是银行间需要借钱时的参考利率，虽然对整个宏观基准面、股市和债券价格有一定的影响，但主要影响的是短期利率，不如十年期国债收益率的影响力大。

举个例子：如果一个期限为十年的债券价格是100元，以100元的价格买入，按每年3%的利率获得利息收益。但是不久后市场利率上升到了4%，那么这张债券也需要提供相当的收益才具备竞争力，否则新的投资者大概率会选择利率为4%的债券。也就是说，如果想在这时卖掉这张票面利率为3%的债券，必须得便宜卖，直到收益率也在4%左右。反之，如果市场利率下降到2%，这张票面利率为3%的债券就是"稀罕物"了，在市场上肯定能卖个好价钱。

由此可知，利率和债券价格成反比。也就是说，利率上涨，债券价格下降；利率下行，债券价格上升，债市走牛。而市场的长期利率一般会以十年期国债收益率作为衡量标准，并且也一直被认为是中长期资金的定价中枢。

弄懂了利率和债券价格的关系后，我们再来看看近年十年期国债收益率的走势。

图6-5中可以看出，从2020年4月底开始，十年期国债收益率开始回升，曾在短短半个月涨幅高达近8%。所以，十年期国债收益率上涨，债券价格下跌，纯债基金的净值也就跟着下跌了。

单就纯债型基金本身来说，债券市场依然呈现出弱势震荡格局。不过，考虑到目前全球整体处于货币宽松的状态，加之未来很长一段时间我们也将处于低利率的环境中，根据利率和债券价格的关系，即纯债型基金的红利期其实还未结束，长期来看，纯债型基金依然可以作为我们长期资产配置的"稳定器"。

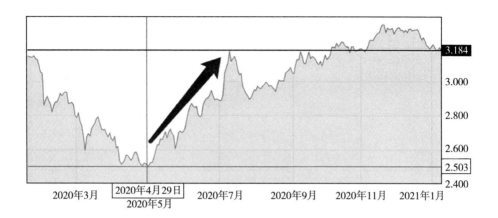

图 6-5　2020 年 3 月至 2021 年 1 月中国十年期国债收益率

资料来源：英为财情。

　　但我们还是要看到，在新冠肺炎疫情等"黑天鹅"事件的影响下，全球股市、债市、黄金、原油市场均受到了不同程度的冲击，那么该如何掌握平衡，努力做到一手抓稳定，一手抓收益？"固收+"，就凸显了优势。

　　（三）基金圈里的新晋"网红"——"固收+"

　　"固收+"这个名词近期经常出现，也受到不少投资者的关注。那什么是"固收+"？

　　"固收+"其实是一种投资策略，就是把大部分资产投资于债券等类固收资产中，在争取稳健收益的基础上，再通过"+"的概念寻找市场中的其他投资机会，也就是一个弹性收益来源，目的就是力求提高"固收+"策略下的整体收益。换言之，这类策略下的收益主要分成两个部分，即"类固收"和"+"收益。在债券打底之外，"+"的策略可以是二级市场的股票、申购新股、可转债、股指期货、期权等投资。只要能提高收益，都有可能成为"+"部分的策略。

　　当然，"+"部分既是收益，同样也是风险。以"+"股票为例，这部分的风险意味可能要 100% 承担对应的波动，在极端情况下，通过固收资产积累的"安全垫"一下子被击穿。所以，选择"固收+"策略最核心的还是对风险的控制，即大部分投资以国债、银行理财产品、银行存款产品以及货币基金为主，用一小部分闲钱去参与股票等风险较高的投资。

　　（四）三类"固收+"基金

　　介绍完了"固收+"的策略，如果我们将这个策略对应到具体的产品中，可以选择什么呢？符合"固收+"原理和策略的产品有三类基金：偏债混合型基金、二级债基、量化对冲基金。

1. 偏债混合型基金

偏债混合型基金投资债券的比例通常大于70%，一定程度上使整个基金的风险可控，收益也较为稳定。我们可以从表6-5中发现，2015~2019年不同类型基金的年度涨跌幅中存在这一情况。

表6-5 2015~2019年不同类型基金的年度涨跌幅   单位：%

年份	2015	2016	2017	2018	2019
沪深300指数	5.58	−11.28	21.78	−25.31	36.0
股票型基金	47.89	−10.11	15.82	−24.67	47.10
偏股混合型基金	43.17	−13.03	14.12	−23.58	45.02
偏债混合型基金	18.31	−0.06	4.11	0.27	10.50

资料来源：Wind。

总体来说，当股票市场有机会时，偏债混合型基金因为持仓20%~30%的股票，因此净值也能跟着涨，只是因为债券持仓较大，其绝对收益并不显著；当股票市场出现较大风险时，偏债混合型基金表现出的韧性还是很强的，甚至在2018年"熊市"中，偏债混合型基金还能获得正回报。

2. 二级债基

二级债基就是用80%的资产去买债券，剩下的不超过20%的资产可以去二级市场买股票，虽然有股票持仓，但是从类型上看，它属于债券型基金的范畴。二级债基的收益情况又如何呢？我们可以通过表6-6对2015~2019年不同类型基金的年度涨跌幅来进行比较。

表6-6 2015~2019年不同类型基金的年度涨跌幅   单位：%

年份	2015	2016	2017	2018	2019
中长期纯债基金	11.03	1.77	1.70	5.20	4.40
二级债基	13.00	−2.60	2.42	−0.28	10.33
股票型基金	47.89	−10.11	15.85	−24.67	47.10

资料来源：Wind。

总体来看，当股市下跌或震荡时，二级债基由于有债券仓位不低于80%的硬性规定，所以抗跌性较强；而当股市反弹时，二级债基又因为拥有不高于20%的股票仓位，也能抓住时机提高整体回报。

看到这里，可能投资者会有疑问："偏债混合型基金和二级债基既然都是既有债券又能投资股票的基金，它们之间有什么区别？"这两者的主要区别，除了类型上的不同外，投资比例和风险收益也不同。

（1）投资比例不同。作为债券型基金，二级债基的债券投资比例不能低于80%，剩下不到20%的资金才可以用于投资股票。而偏债混合型基金的持仓更加灵活，只是相对于其他混合型基金来说，除了现金类资产持仓外，债券的持仓比例更高一些，通常占基金总资产的70%~80%，股票投资占基金总资产的比重在10%~30%（见表6-7）。

表6-7　偏债混合型基金与二级债基的投资比例　　　　　　　单位:%

持仓比例	偏债混合型基金	二级债基
债券持仓比例	70~80	80 以下
股票持仓比例	10~30	20 以下

（2）风险收益不同。正因为投资比例不同，所以偏债混合型基金与二级债基在风险收益上也有差别。混合型基金中，根据实际的持仓情况大致分为偏股型混合基金以及偏债混合型基金；债券型基金中，分为纯债基金、一级债基和二级债基。它们之间的风险收益特征大致如图6-6所示。理论上，二级债基的回撤幅度比偏债混合型基金小，而偏债混合型基金则能比二级债基分享到更多的股票市场收益。因此，虽然两者都持有较高比例的债券，但通常来说，偏债混合型基金的风险和收益要高于二级债基。

3. 量化对冲基金

对于普通投资者来说，关于量化对冲基金平日里接触得并不多，不过理解这类基金的赚钱原理并不复杂。实际上，量化对冲基金包含"量化投资"和"对冲风险"这两个方面。其中，量化投资就是通过数理统计模型寻找超越市场平均水平的投资机会。量化投资能够有效地排除人为主观非理性因素的干扰，从而在投资中确保严格的纪律性。对冲风险，则是通过股指期货、融券等做空工具，对

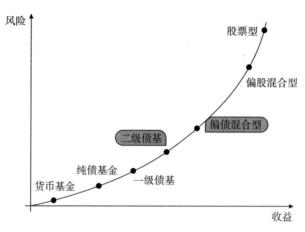

图 6-6　各类基金风险收益特征

冲多头组合全部或部分市场风险。这样基金就可以在任何市场环境下，稳定持续地获取正回报的绝对收益。换句话说，对冲实际上就是给高风险的投资买一份"保险"，这份"保险"通常是指另一笔"逻辑上相关，但方向上相反"的交易，以保证自己在最不利的情况下减少损失，甚至还能从中获利。其实对冲风险这件事在我们的生活中也很常见。比如，由于美元跟黄金是负相关的关系，所以持有美元的同时买入黄金，从而避免应对汇率波动，这些都是对冲风险。一边是多头买入股票，另一边是手握空头工具，降低多头股票部分的系统性风险。

　　量化对冲基金最大优势就在于涨跌都买，通过反向的投资操作对冲风险，从而实现绝对收益。为了让大家有更直观的认识，表 6-8 将 2015～2019 年量化对冲基金与普通股票型基金的收益率进行了对比。

表 6-8　2015～2019 年"牛市""熊市"和"震荡市"市场行情收益率对比

行情	时间	普通股票基金收益率（%）	量化对冲基金收益率（%）
熊市	2015 年 7～12 月	-2.12	-0.13
震荡市	2016 年 1 月～2017 年 3 月	-6.82	-2.56
牛市	2017 年 4～12 月	11.73	1.34
熊市	2018 年 1～12 月	-24.67	-0.79
牛市	2019 年 1～4 月	26.45	1.46
震荡市	2019 年 5～9 月	5.68	2.05

资料来源：Wind。

我们从不同行情下的收益比较能看出，在牛市中，量化对冲基金的收益并没有普通股票型基金那么可观，甚至可以说是"踏空"了整个"牛市"行情，但是在"熊市"和"震荡市"中，量化对冲基金的优势较为明显，在 2018 年 1~12 月普通股票型基金平均亏损达 24.67% 时，量化对冲基金只亏损了 0.79%，其中不乏获得 10% 左右正收益的个基。所以量化对冲基金要比股票基金更稳健，超额收益较为明显。

除了收益更稳健外，量化对冲基金的风险如何？我们选取 2017 年 3 月至 2020 年 3 月年普通股票型基金和量化对冲基金的收益风险指标进行对比，具体如表 6-9 所示。

表 6-9　普通股票型基金和量化对冲基金的收益风险指标

收益风险指标	普通股票型基金	量化对冲基金
年化收益率（%）	7.18	2.67
年化波动率（%）	19.08	2.56
夏普比率	0.3762	1.0414
最大回撤（%）	−29.37	−2.23

资料来源：Wind。

从以上数据可知，虽然 2017 年 3 月至 2020 年 3 月普通股票型基金的年化收益率更高，但年化波动率和最大回撤幅度也更大；而量化对冲基金虽然年化收益率较低，但其波动率更小，获取超额收益的能力更强。

（五）百里挑一，选出优秀的"固收+"基金产品

偏债混合型基金、二级债基、量化对冲基金这三类基金都属于主动管理型基金，我们可以从定量和定性这两个维度对其进行综合考察。所谓定量，就是对基金的业绩和风险进行直接比较，我们可以通过长期业绩、夏普比率、波动率、最大回撤等指标来进行综合考察。

第一，从业绩表现上看。年化收益率自然是越高越好，不过我们需要拉长时间看年化收益率，如果基金成立时间较短，如只有不到一年或者一年左右的业绩，那么我们在参考时就要尽量保留意见。

夏普比率代表的是每承担 1 个单位风险的情况下获得超额收益的能力。夏普比率越高；说明所获得的超额回报越高；夏普比率越小甚至为负，说明所得超额

回报很小或者没有超额回报。

第二，从风险上看。波动率越小，说明基金的收益越稳健，波动率越高，则说明这只基金的收益可能会很高，但是风险也较大。最大回撤，就是投资者买入该产品后可能会面临的最大亏损，自然，最大回撤越小越好。

所谓定性，其实就是要看管理团队的实力和人员稳定情况。基金经理和管理团队是主动型基金的"灵魂"，如果管理者频繁变动，势必会对基金业绩造成影响，特别是量化对冲基金，核心就是量化模型，模型构建团队的实力和稳定性很大程度上决定着量化策略的稳定性和有效性。

她姐说：

总之，一方面，因为A股牛短熊长，我们的投资组合中需要一些打底资产来平滑市场的波动风险。另一方面，在低利率时代，很多类固收产品的收益只会越来越低，因此"固收+"产品在大类资产配置方面为我们提供了解决上述问题的方案。

◆第五节　买基金大赚100%，我们这样选基金！

如何在同类基金中识别出"尖子生"？主要有以下两个方法：

一、看基金业绩，用四分位排名表

基金的成绩单就是业绩，不过市场上有几千只基金，所属类型也不同，如何快速查看一只基金在同类中的成绩排名？可以用四分位排名表。基金的四分位排名就是把单只基金在一周、一月、一年、三年这些不同阶段的业绩与同类平均和沪深300指数的涨跌进行比较，并且在同类基金中给出排名。

业绩排名四分位，分别为1/4分位、2/4分位、3/4分位、4/4分位，对应的百分比就是25%、50%、75%、100%。如果某只基金处于3/4分位（也就是75%），意味着这只基金的业绩比75%的同类型基金表现要好。

具体在利用四分位排名考察基金时，大家需要注意以下几点：第一，四分位排名是在同类基金中进行的，并非直接去比较全市场所有基金绝对收益的高低，因为不同类基金的收益来源不同，跨类别的比较没有意义。第二，在选择基金时不要局限于短期业绩（如一周、一月）的前置位排名，而是要结合长短期一起考量，排名较为稳定，持续处于中上水平（至少在 2/4 分位甚至 3/4 分位）的基金才有投资价值。

当然，不得不承认的是，我们虽然可以快速通过四分位排名了解到基金过往业绩的优劣，但过往业绩并不能完全代表未来业绩，历史业绩排名也只是作为众多参考指标之一来指导投资，大家还是需要多角度综合考察一只基金。

二、看基金评级，从中选择基金

很多人在选择基金时，第一眼就是看它的收益率，甚至只重视收益率，这是大错特错的。要知道，历史业绩好不一定代表该基金的未来业绩一定好。尤其是对于主动管理的偏股型基金，其业绩常常受行业周期、资产风险等因素影响，但这些因素无法在收益率这个单项指标中体现出来，这时就需要基金评级来帮忙了，这是选好基金的第一步。

目前，基金评级的机构主要分为两类。一类是国外机构，如知名度很高的晨星；另一类就是国内的一些券商和第三方平台，如银河证券、海通证券、上海证券、招商证券、天相投顾、济安金信等。它们通过对基金进行定性和定量分析，依据一定的标准，对基金的风险和收益进行评估和预期，进而对基金进行排序。大多数机构采用的是星级评价，由低到高分为 1~5 星，星级越高，评价越好。大家可以通过登录评级机构官网，如晨星网，或是其他一些第三方基金平台，如天天基金等就可以查看评级了。

选好基金的第二步是在最短时间内看穿这只陌生基金。最简单的方法就是看基金的名称。基金的名称里一般包含了三个重要的基本信息：基金类型、投资方向、发行公司。比如，易方达消费行业股票基金，从名称中我们可以看出三个有效信息："易方达"指的是发行这只基金的基金公司；"消费行业"指的是这只基金的主要投资方向为消费板块；"股票"则代表了该基金的类型属于股票型基金。

下面来详细讲解一下这三个基本信息的重要性，以及如何利用这些信息来分析基金。这里需要提前说明一下，后面的讲解并非按照基金名称里的信息顺序，而是按照分析一只基金时的逻辑线来讲解。

（一）分清基金类型，了解基金的收益来源

我们首先需要弄清的问题就是这只基金的收益来源是什么，也就是明确基金类型。基金的分类方式有很多，既可以按组织形式分类，也可以按照募集方式分类，不过，要想搞清这只基金是通过什么赚钱的，就得按照投资标的来划分基金。按照投资标的来分类，可以把基金分为以下几种类型：货币型基金、债券型基金、股票型基金、混合型基金和指数型基金等。

1. 货币型基金

这类基金名称中一般会出现"货币"两字。货币型基金大家应该很熟悉了，余额宝这类产品就属于货币型基金，它的收益率源于投资短期货币管理工具，如国债、央行票据、同业存单等。这类基金风险低、流动性好，但收益也很低，年化收益率在1.5%~3%，一般被当作现金管理工具使用。即便是不同公司的货币型基金产品，收益差别也不大，所以货币型基金基本不用选，挑自己方便的渠道投资就行。

2. 债券型基金

这类基金名称中会出现"债券"两字，它是一种将80%以上的资金投资于债券的基金。一般来说，债券型基金的名称中还会标明投资债券的品种，不同的债券品种对应了不同等级的收益和风险，如信用债、可转债等。不过，由于债券本身属于较低风险的投资品，所以债券型基金整体的风险和收益都属于基金中相对较低的。

3. 股票型基金

这类基金的关键字是"股票"。它是一种将80%~95%甚至更多的资金投资于股票的基金。一般来说，无论市场好坏，股票型基金都必须保持高仓位运行，非常考验基金经理的选股能力。这类基金的波动较大，更加适合定投。

4. 混合型基金

看到基金名称里有"混合"两字，肯定就是混合型基金了。这类基金的投资范围介于债券型基金和股票型基金之间，根据风险偏好的不同可以分为偏股型混合基金、偏债型混合基金和均衡性混合基金三种。其中，偏股型混合基金的股票仓位一般在60%~80%；偏债性混合基金则相反，它的债券仓位一般在60%~80%；而均衡型混合基金的仓位则介于两者之间，基金管理人可以根据市场情况调整投资比例，既可以投资股票分享市场上涨红利，又可以在市场低迷时加大债券的投资比例避险。

5. 指数型基金

指数型基金的关键字是"指数"，同时还会出现对应指数的名称，如"沪深

300""上证50"或"食品饮料"等。这类基金其实也属于股票型基金的一种，不过由于指数型基金属于被动管理型的基金，它的投资目的并非寻求过高收益，而是尽可能做到和指数走势一致。因此，指数型基金相对于股票型基金和混合型基金而言，风险相对较低，对基金经理的能力要求相对较低，照搬指数成分股投资就行。

综合来看，鉴于不同基金的不同收益来源，股票型基金和混合型基金中更容易存在良莠不齐的情况，对基金经理的能力要求也更高，更需要大家仔细甄别。

（二）基金会买哪些股票？秘密都在名字里

在基金名称中，大都会包含有一些投资方向、策略或风格的关键词，我们在挑选基金时，一定要特别关注这类信息。

第一，关于投资方向。根据《证券投资基金运作管理办法》规定，基金名称中显示投资方向的，应当有80%以上的非现金基金资产属于投资方向确定的内容。举个例子，如"博时医疗保健行业混合型基金"，基金名字中带有"医疗"，主要投资方向就会在与医疗保健相关的上市公司中；再如"建信环保行业股票型基金"，名字中带有"环保"，主要投资方向就是环保产业的相关公司。除此之外，像是"互联网""新能源""一带一路""大盘""中小盘"等都代表了基金的主要投资方向。

第二，关于投资策略和风格。基金名称中也常常出现诸如"成长""价值""红利""稳健""灵活配置"等关键词，这些代表的都是基金投资的主要策略和风格偏好。比如，基金名称中含有"价值"的，一般都是投资于大盘蓝筹股和长期价值增长型的产品；再如基金名称中含有"量化"的，一般都是用大数据建立投资模型来指导投资策略。当然，也有一些基金的名字起得比较宽泛，比如"双擎""多元"等，这意味着基金的投资风格和策略可能也会跟随市场风向进行调整。具体到每一只基金，大家还需要结合产品的持仓情况来深入判断。

（三）挑基金公司，优选"出身"好的基金产品

对于公募基金而言，肯定是不存在"跑路"风险的，不过，基金是基金公司发行的产品，基金公司的优劣一定程度上也会影响基金产品的优劣。因此，挑基金时也需要看看它的"出身"。

什么样的基金公司才是优秀的？大家可以从以下三个方面来考察：

首先，看资历。基金公司成立的时间越长，所积累的经验就越多。资历较老

的基金公司，一般都会经历至少一轮的市场牛熊考验，其管理能力和应对经验都会丰富一些。

其次，看规模。通常基金公司的规模较大，实力也会相对较强，公司匹配的投研团队能力和产品线丰富程度同样会高一些。

最后，看整体产品业绩。在考察基金公司时，投资者其实很难看到其内部的运行流程和管理体系，不过，我们可以通过评估公司整体产品业绩来推断公司治理是否合理和有效。如果一个基金公司旗下所有基金产品的综合情况都比较优秀，而非只有阶段性的"一家独大"，那基本可以评定这家公司的综合实力比较强。

以上三个考察维度中，除了成立时间能够比较直观地比较出来，规模和产品业绩都是在不断动态变化的，大家可以通过 Wind 或是在东方财富网查看每季度和每年的基金公司排行榜来比较。优秀基金公司的排名一般都是比较稳定的，如果一家基金公司连续几年排名都比较靠前，基本可以认定这家基金公司是优秀的。

她姐说：

综上，对我们普通投资者来说，想要快速选择基金可以通过基金业绩筛选和参考基金评级的方法，同时还可以结合基金名称中出现的信息，如基金类型、投资方向和发行公司来了解基金的基本情况。

◆第六节　学会基金定投，"小白"也能稳稳赚钱！

一、什么是基金定投？

作为普通投资者，大多数人的风险承受能力并不是很强，所以要想获取基金的高收益，必须选择一个更安全的方法，如基金定投。基金定投不是一种投资品，而是一种投资方式，是定期定额投资的简称，一般是指每个月或者每半个月，以固定的金额投资于同一只基金。比如，小明设定每月 15 日定投某混合型基金 500 元，那么到了每个月的 15 日，银行都会自动从小明绑定的银行中扣掉

500 元来申购这只基金。

除了定投，基金还有一种投资方式，就是单笔投资。单笔投资很好理解，就是拿出一笔钱一次性申购某只基金。这种投资方式虽然耗时短，但对择时能力的要求特别高，如果把握不好时机，在市场点位较高的时候大笔金额买入，那么当市场下跌时，将面临很大的亏损风险。

因此，与单笔投资相比，基金定投有以下四个优势：

第一个优势：定期投资，积少成多。投资者可能每隔一段时间都会有可用于投资的资产，通过定投的方式购买基金，可以"聚沙成塔"，在不知不觉中积攒了一笔不少的财富。

第二个优势：自动扣款，操作简便。只需要办理一次相关手续，即可以在以后每期自动扣款购买基金。

第三个优势：平均投资，分散风险。资金是在不同的时点按期投入的，投资的成本比较平均，最大限度地分散了风险。

第四个优势：长期坚持，收益可观。根据近十年的市场数据，按月定投沪深300 指数基金，最终可以获得超过 40% 的收益率（见表 6-10）。

表 6-10　近十年的市场数据

定投标的	沪深 300 指数基金
定投开始日	2012 年 4 月 20 日
定投结束日	2022 年 4 月 24 日
定投周期	每月 1 日定投
最终定投收益率	40.18%

注："沪深 300 指数"选取沪深 300 全收益指数（沪深 300 指数+分红）。
资料来源：Wind。

二、哪些人群适合定投？

基金定投是个普适性的投资方法，大部分人都可以用，尤其适合有中长期理财目标、有稳定收入并且愿意承担一定风险的投资人。比如现在存钱，是为了十年后的子女教育金或者 30 年后用于自己的养老需求，都可以利用定投来实现。

一般来说，如果投资期限在三年以上，都可以通过基金定投的方式进行。具体地，像是"上班族"，每月收入较稳定，拿出月收入的 10% 来定投基金，在震荡行情或"熊市"时坚持积累筹码，到"牛市"时即可卖出赚取利润。抑或是"月光族"，可以充分利用定投来强制储蓄，每个月强制划走收入的一部分，从而在无形中存上一笔钱。再或者是平时工作比较忙碌的人，没有闲暇时间研究股票市场和投资策略，采用基金定投这种方式就能自动打理资金，实现长期的保值增值。反之，如果偏向短期获利，并且具备较强的风险偏好和投资能力，可以考虑单笔投资。

三、如何开启一份具有实操属性的基金定投规划？

（一）哪些基金适合定投？

要解决这个问题需要回到基金定投的概念与优势，基金定投是按照预先设置的时间节点和一定的金额投资特定的基金。这种定期分批买入的优势在于依靠拉长投资期限来摊薄成本、平滑风险。可以说，基金净值有一点波动，定投盈利的效果才会更加明显。

我们可以举个例子来理解一下：小明每月 1 日定投两只基金：基金 A，从 1 月至 3 月，每月 1 日的净值分别是 1 元、0.8 元、1 元；基金 B，从 1 月至 3 月，每月 1 日的净值分别是 1 元、0.6 元、1 元。

我们可以看出，基金 B 的波动明显要比基金 A 大，虽然在 3 月的最终净值是一样的，但是在股市处于低位的时候，A 基金 0.8 元，B 基金 0.6 元，相同资金买 B 基金得到的基金份额肯定就多一些，最终两类基金净值恢复，持有基金份额越多，获得的收益越大。结合我们之前提到的基金分类，货币型基金、债券型基金波动小，几乎没有定投摊薄成本的效果，与一次性投资区别不大，所以这两类基金不太适合定投。

更适合定投的基金是权益类基金，也称偏股型基金。偏股型基金按照管理方式可以分为两类：偏股型主动基金和指数基金（被动型基金）。其中，首选优质的偏股型主动基金，次选指数型基金。

（二）基金定投该什么时候投、每次投多少合适？

我们常见的定投周期就是按月投资，不过也可以按周、月或季投资。如果想长期定投，周投和月投没有太大的区别。通过测算可以发现，定投时间越长，通过周投和月投得到的收益率差别不大。

具体选择方法可以根据计划投资的资金量来确定。如果定投的资金比较少，如 500 元、1000 元左右的，按月定投就行；如果定投的资金量比较大，如定投金额有上万元，也可以考虑周投。这里还有一个小技巧，可以在"熊市"或者市场点位较低时，适当提高定投频率，在"牛市"或者市场点位相对较高时减少定投频率，这样能够更好地在底部积累筹码，也能一定程度防止在高位买太多。当然，如果无法判断市场环境，按照自己指定的节奏来定投，也是没问题的。

四、每月定投多少钱合适?

原则上，鼓励大家在保障一定生活质量的前提下尽可能多地攒钱，在收益率一定的情况下，本金越多，投资收益的绝对值越大。以下提供给大家三个实用的定投标准：

第一个标准：拿收入的 5% 来定投。比如，月收入 1 万元，拿收入的 5%，即 500 元定投。这是相对较低的标准，可以看作定投金额的最小值。这个标准比较适合基金定投的新手，这类人对基金定投了解较少，没有什么投资经验；还适合月结余较低的个人或家庭，只拿月收入的 5% 定投基金基本相当于强制储蓄了。

第二个标准：拿月结余的 50% 来定投。比如，月收入 1 万元，月结余 5000 元，月结余的 50% 就是 2500 元去做定投。这是相对要求较高的标准，可以看作定投金额的最大值。这个标准适合有一定投资经验的基金投资者，也可以把这个标准看成是从基金新手成长为基金达人的标准。

第三个标准：大额拆分定投。前面两个标准都是适合每月收入比较平均和稳定的个人和家庭，如果收入不稳定，那这两个标准执行起来就不太方便。比如有的家庭是月收入较少，年终奖占收入比重较大，每月没有一定的钱去做投资。这种情况建议把大额资金分拆成 12 个月或 24 个月进行基金定投，而不是单笔去购买。

利用好基金定投，可以让从来没接触过基金的"小白"更快进阶，基金定投可以说是"小白"入门基金的必选。

◆第七节 基金赚钱和亏钱时，我们该如何做？

一、基金赚钱了，该如何止盈？

曾经听过这样两个问题，很有意思也很有代表性。

A 说："我定投了一只基金，每月定投 1000 元，结果不到半年，因为市场还不错，已经赚了 30% 了，不过本金没多少，所以赚得不多，我该继续投还是止盈呢？"

B 说："我已经坚持定投一只基金快三年，本金也积累了好几万元，可现在只有两三点的收益，是再等等还是就止盈赎回呢？"

其实，看似不同的两个问题都是在问同一个问题：基金如何止盈？俗话说，"会买的是徒弟，会卖的才是师傅"。人性都有一个弱点，那就是贪婪。赚了 30%，还想着能赚 50%，等到真的赚了 50% 时，又想翻倍。

（一）为什么要设置止盈点？

大家从 A 股市场的历史走势来看，牛短熊长的特点很明显，如果没有设置止盈点，很可能会发生收益翻番时不想走，等到市场开始下跌时再赎回已经来不及的情况，错过止盈不说，犹犹豫豫甚至还可能会亏损。因此，对于基金投资来说，设置一个止盈点并且严格执行，是非常重要的。我们以上证指数为样本，选取 2007 年初至 2016 年初的数据，在这个时间段上证指数基本从 3000 点到 3000 点运行，累计涨幅为 0，而且区间有牛市、熊市、震荡市，覆盖周期够长，很具有代表性。

在这 9 年间，我们每月月初定投上证指数，分别采取 3 种不同的止盈策略，分别是：常规定投（不止盈）、10% 止盈、30% 止盈，幅度由低到高，来看看不同策略的收益率有何不同。

经过测算，结果如下：不设置止盈时，期间整体收益率为 9.2%；设置 10% 止盈时，期间整体收益率为 8.41%；设置 30% 止盈时，期间整体收益率为 43.75%。可见，设置一个合理的止盈点，对整体收益的提升是非常有帮助的。

（二）定投该设置多少止盈？

一般来说，定投基金需要做好长期投资的打算，在一个较长的定投计划中，止盈点不宜设置得过低，过低会严重影响总的投资收益。从历史经验来看，A 股一旦进入牛市，涨幅都会比较大，如 2006 年、2007 年、2009 年上半年，2014 年10 月至 2015 年 6 月，历次大牛市涨幅均超 100%。

当然，止盈点的设置也不是越大越好，如果止盈点设置得过大，定投计划很难达到止盈点，那么也就形同虚设了。以下是一些参考：如果当前市场点位比较低，并且你打算长期定投，如 3 ~ 5 年，这个时间区间大概率可以穿越牛熊，那么可以把止盈点设置在 40% ~ 50%；如果当前市场已经涨了好久，点位比较高，你是跟风进场的，建议可以保守一点，止盈点设置在 20% ~ 30% 比较好，让钱及时落袋为安比较明智。

对于止盈方式，有人觉得一次性赎回踏实，也有人觉得可能还会有上涨惯性，更偏向分批赎回，这两种方式都是可以的，根据个人偏好和市场情况具体分析就好。

（三）止盈结束拿到钱后怎么办？

钱落袋后，如果你是为某项消费目的去做的定投，如买房、买车，那当然是花了它；如果希望用这笔钱继续投资，那么就需要考虑以下几个方面：

1. 判断市场所处位置

根据历史走势，大牛市的定点基本都在五六千点，3000 点是一个分水岭。我们可以参考市场点位对未来空间做个判断。如果此时市场已经在高点，建议等回调后再开始投资。如果市场点位并不高，并且之前上涨时间不长，基本可以判断市场仍处于上涨的前半段或是中段，此时可以重新开始定投，定投的金额可以延续之前的金额，剩余赎回的钱可以先放到债券基金或是其他较低风险的理财产品中。

2. 看标的基金类型

如果之前投资的是主动管理型基金，可以继续定投，毕竟经历了市场验证而且赚到了钱。当然，也可以重新选择一只基金，或者是定投多只基金，因为获利赎回后本金增加了，基金定投金额也可以适当增加。需要注意的是，所持有的基金风格要避免重复，才能尽可能分散风险。

她姐说：

总之，对于止盈而言，设置了投资纪律就一定要严格执行，毕竟我们是来赚钱的。

二、基金一直亏钱该怎么办?

相比基金止盈这个"甜蜜的烦恼",基金亏钱更让人不知所措,这时投资人该如何操作?如果基金下跌幅度较大,大家的第一个想法就是卖出止损。但这其中又分为两种情况:股市整体下跌和单只基金明显下跌,下面分别介绍。

（一）不建议止损的情况

首先,如果是系统性风险来临,股市会出现整体下跌,基本上市场中的所有基金都会下跌。比如,2007 年 10 月后或者是 2015 年 6 月后,股市都进入了单边下跌的行情,如果不凑巧地在这两个时间点开始投资,多半马上就会遭遇亏损。如在 2015 年 6~9 月,无论投资的是被动指数基金还是主动管理型基金,粗算下来,单笔的亏损均能达到 50%,即使采用定投,亏损也在 30% 左右。再拿沪深 300 指数基金来举例,如果从 2015 年 6 月开始第一次定投沪深 300 指数,到了 9 月,亏损接近 30%,但是如果继续坚持两年,到了 2017 年 8 月,整体收益率就能到达 15%。

其次,投资中出现浮亏是非常常见的事情,但如果在市场泥沙俱下时,采用定投逐渐探底持仓成本,那么就没有必要着急止损。我们再次以 2007 年初至 2016 年初的上证指数为样本,选取的理由如前所述,在此不再赘述。在这 9 年时间里,假设我们每月初定投一次,分别采取常规定投（不止损）、10% 止损、30% 止损、50% 止损 4 种不同策略。

根据测算,结果如下:设置 10% 止损时,期间整体收益率为 -3.84%；设置 30% 止损时,期间整体收益率为 7.23%；设置 50% 止损时,期间整体收益率为 3.05%,可见,越是着急止损,整体收益率越低。而在设置不止损的定投策略下,整体收益能达到 9.2%,完胜各种止损策略。

其实这个情况很好理解,不同于一次性投资,定投是一个时间周期较长的投资计划,本质上是不断定投摊平成本,积少成多,等待市场上涨,如果期间稍一亏损就赎回,等于之前的定投积累都功亏一篑,后期即便大涨,前期的定投也没有意义了。所以,当出现系统性风险,或者是基金受到行业周期波动而出现下跌时,可以采取定投策略,并且坚持投资。

当然也有人担心:万一自己就是"倒霉",在最高点时开始定投,这种情况需不需要及时止损,等市场跌下来后再重新投资呢?先不给结论,继续看例子:

假设从 A 股历史高位 6124 点（2007 年）开始了第一次定投，会亏多久呢？如果用上证综指来测算，大概在 2009 年初，大盘回到 2500 点附近的时候，就已经开始获利了，历时不到 2 年。所以，定投出现亏损并不可怕，越便宜就越要买，真正可怕的是盲目止损，而我们要做的就是坚持、坚持、再坚持，在低位积累筹码，等待市场回暖。

（二）有必要止损的情况

再来说第二种情况，如果投资的基金出现明显下跌，该不该止损呢？如果市场比较稳定，大部分基金都是上涨趋势，而你投资的基金却一直在亏损，这个时候就有必要观察一下，是不是基金本身出了什么问题。

很多人当初在开始投资的时候，并没有做什么研究，只是随便选，或者盲目听别人推荐，对于所投基金的长期业绩如何、基金经理的能力如何等统统没有概念，这就很有可能"踩雷"。要知道，选择一只优秀的基金并非易事，要看业绩、评级、投向、策略，还有各种分析指标，这些都是需要花功夫和心思去研究的。

另外，还有一种可能，就是当初买入这只基金的时候它的业绩是很优秀的。但是，有些基金的优秀业绩并不具有长期的可持续性。当基金经理的能力下降，不适应新的市场环境，或者基金经理发生了更换时，这只基金就会发生业绩下滑的现象。

所以，我们也要定期跟踪基金业绩，适时调整。如果发现这只基金变差了，那其实没必要再坚持下去了，毕竟越跌越买的前提是持有的基金是优秀基金。因此，如果你投资的基金是因为自身问题持续地出现了亏损，这个时候就很有必要止损了。

她姐说：

总之，基金亏钱了，一定不要慌，要判断到底是市场的问题还是自己买的基金出现了问题。如果是整个市场都出现了下跌，那这个时候可以对亏损的基金进行持续定投，等待市场反转信号的来临；但如果只是你买的这只基金出现了大幅亏损，一定要积极关注，甚至在必要时及时止损，以防止更大风险的发生。

◆ 第八节 股市看着很赚钱，你却只能当"韭菜"？

我们常说"不撞南墙不回头"，很多股民却是撞了南墙可能也不回头，总觉得能从股市分一杯羹。股市能赚钱，是事实；大部分股民都亏钱，也是事实。那为什么靠炒股一夜暴富总是可望而不可即？

下面我们就从股票投资的风险和收益来源两个方面和大家说一说在股市中大多数股民都容易沦为"韭菜"的原因。

一、股票本身是一种高风险投资

"在股市里，风险是第一位的，收益是第二位的"。这句话对于炒股的人来说并不陌生。可为什么我们一提到买股票，总会下意识地想到这是一种风险很高的投资呢？这是因为股票市场里的一部分风险是伴随着它的投资属性而天然存在的。

总体来说，股票市场中存在以下几种风险：

（一）系统性风险

系统性风险就是整个股票市场都出现了风险，几乎没有股票可以幸免，如股灾、熔断、钱荒等问题发生时会给整个股市带来波动。例如，2015 年的股灾，沪深两市从 2015 年 6 月 15 日的高点开始下跌，至 2016 年 1 月 27 日最低，7 个月两市下跌幅度都超过了 47%。

（二）政策风险

当国家出台或者调整一些与股市相关的政策、法规，会直接对股市产生影响，有时甚至是巨大的波动。例如，2008 年调整了一次印花税的征收方式，由双边征收改为单边征收，税率保持 1‰。政策发布当天，沪指收盘时涨幅达到 9.45%，创下了史上第三大涨幅，而整个 A 股千余只股票的涨幅也都接近涨停。

（三）行业风险

由于一些不确定因素或者"黑天鹅"事件的发生，导致对某个行业的生产、经营产生影响，继而导致该行业下的企业股价出现较大波动。例如，2012 年的塑化剂事件直接导致了白酒股集体下跌；2008年三鹿集团的三聚氰胺事件让乳制品行业遭受重创，伊利、蒙牛、光明等国内大型乳制品企业股价暴跌。

（四）上市公司自身的经营风险

作为股市参与的主体，上市公司出现经营风险，如企业管理出现问题、行业不景气或者遭遇自然灾害等原因，导致业务亏损，净利润下滑，这也会对股价造成影响。比如，獐子岛"绝收"事件。2018年1月，獐子岛发布公告称，部分海域的底播虾夷扇贝存货异常，公司预计2017年净利润亏损5.3亿~7.2亿元。此公告一出，2018年1~2月，短短一个月公司股价就下跌了近50%，直到今天股价依然低迷。

上面提及的是上至整个市场下至行业、公司层面都会面临的风险，除此之外，对于我们投资者本身来说，在股市中还可能会面临流动性和股价波动等风险。这些其实都是股票作为投资品天然存在的一些风险。

与其他投资品一样，股市在带给我们高额回报的同时，也充斥着各种大大小小的风险，所以股民也要具备风险意识，时刻保持警惕。当然，也不要一味畏惧风险，毕竟有些风险是可以防范和控制的，我们需要做的，就是科学认知风险并做好个人投资的风险控制，在风险和收益间实现平衡。

二、股票投资的收益从哪里来

财富不会平白无故从天而降，要想从股市赚到钱，就必须要了解股票投资收益到底从哪里来。

（一）来源一：国家经济增长

财富的创造当然要靠个体的发展，但是也要考虑到历史的进程。忽略短期波动，股市和国家经济增长正相关。"水涨才能船高"，持续经济增长所创造的财富，会推动股市长期保持上涨态势。

即使关于中国股市我们有很多"伤痛的记忆"，也要客观冷静地认识到，在过去很长时间，股市实实在在从强劲的经济增长中获得了助推力量。以比较有代表性的沪深300指数为例，从2005年底的923点增长到2018年底的3011点，年复合增长率达9.52%。

（二）来源二：公司业绩增长

股票是上市公司的所有权凭证，公司业绩持续向好，股价终将上涨。同时，公司业绩增长也会通过每年更多的分红回馈给投资者。比如格力电器，自 1996 年上市到 2018 年，净利润从 1 亿元左右上涨到 212 亿元（截至 2018 年第三季度），在考虑每年分红的情况下，其复权后的股价相当于从 17 元上涨到了 5000 多元。

（三）来源三：别人亏掉的钱

股票市场的参与者是一个个独立的人。人们对股票价值的判断各不相同，认为股价低估的就会买进，认为股价高估的就会卖出。因此股票价格往往会围绕其真实价值上下波动，甚至由于信息不对称，这种波动还会很剧烈或持续较长时间。于是，总有一部分人可以从短期的低买高卖中获益；同时也会有另一部分人因为判断失误而遭受损失。

了解了投资收益的来源，我们可以简单概括获得收益的方式：

（1）在经济持续高速增长的时代，投资指数是很好的选择。毕竟在成熟市场，大部分投资者跑不赢指数。

（2）发现、投资并长期持有那些业绩增长潜力更大的好公司，参与到财富创造的进程。

（3）至于从短期股票价格波动中赢得别人亏掉的钱，你要想好了，你自己会不会成为"待割的韭菜"？

三、为什么人们常说"炒股七亏二平一赚"？

踏入股市不久，你就会听到一句谚语："炒股七亏二平一赚"。这并不是老股民在危言耸听，而是接近真实的经验数据。"熊市"自不必说，即使在"牛市"，有时候能体会到上涨的喜悦，但是大多数人并不能保住胜利的果实。

股票投资非常难，如果不能跨越以下 4 个壁垒，那么还是买基金，由专业人士来帮助投资比较稳妥。

（一）知识壁垒

股票投资知识可谓无边无际，从宏观国家经济到微观公司个体，从行业、政策法律到公司业务，从财务学、管理学到投资心理学，涉及内容既广且深，大多数普通投资者很难全面掌握。湘财证券的一次调查问卷显示，在活跃股民中，具备一定基础财经知识的投资者占比仅有 14% 左右，绝大多数人看不懂公司的财务报表，甚至有些投资者根本不明白 GDP、CPI 这些常用词的含义。没有足够的知识储备，买股票约等于掷骰子。只有经过充分的学习、调查和研究，才可能做出正确有依据的投资决策。

（二）时间壁垒

对于朝九晚五的非专业投资者来说，时间是第二个重要壁垒。股票并不是买完就结束了，还需要花费大量时间和精力去跟踪了解市场、行业和公司动态，做出及时和恰当的投资反应。如果你只是在上班间隙看一眼股票走势，除非是运气好，否则不可能有很好的投资收益。

（三）经验壁垒

即便你聪慧过人，学习了所有的知识，同时有充裕时间，也未必能投资成功。因为，知识不同于经验，只有通过实战才能总结和运用好适合自己的投资策略，不断总结经验，而这需要一个甚至多个牛熊周期的持续积累。

（四）心理壁垒

坦率地说，即使投资者有知识、有时间、有经验，也未必能在股市中赚到钱。情绪作祟，会让你忘记纪律、认知失灵。一些常见的投资心理状态有：过分自信、损失厌恶、"羊群效应"等，使大部分投资者陷入盲目跟风、追涨杀跌、频繁买卖却又不敢及时止损的恶性循环中。某种程度上，良好的心态在股票投资中可能比学识、经验和资金量更加重要。

◆ 第九节　如何"抱金砖"？解锁黄金投资秘籍

关注金融市场的投资者一定有所体会，每逢大事，金价都会敏感地"上蹿下跳"。下面她姐就给大家系统地说一说，黄金作为一项特殊的资产，为什么能保值？金价又为何而波动？如果想投资黄金该怎么做？

一、为什么黄金能被当作保值资产？

黄金作为一种结构稳定、高密度、高韧性以及不可再生的贵金属，是国际上公认的"硬通货"。黄金兼具三大属性：商品属性、货币属性和金融属性。

（一）商品属性

黄金由于具有很强的抗腐蚀性、导电性、延展性及观赏性，所以它本身除了作为装饰品，在电子工业、宇航工业、通信业、化工、医疗等领域也是被广泛运用的。

（二）货币属性

"金银天然不是货币，但货币天然是金银"，在金本位制的货币制度下，所有的货币价值都是用黄金来计价的。在布雷顿森林体系瓦解后，黄金的货币职能才逐渐被减弱。

（三）金融属性

现在的黄金虽已不作为货币直接流通，但它仍是各国央行主要的资产储备之一，国际货币基金组织也持有大量黄金储备。并且，在投资中，黄金往往被当作避险投资工具来使用。

二、影响金价的主流因素

基于黄金的三大属性，影响金价的因素非常多，主要有以下几种：

（一）美元指数

美元和黄金素来"难舍难分"，大体上来看，美元涨，则黄金跌；美元跌，则黄金涨。根据历史统计数据，美元与黄金保持着大概 80% 的负相关关系，因此，在分析预测金价时，美元指数一直都是必不可少的参考指标之一。基于两者的关系，美联储的货币政策，如加息、降息，都会通过对美元指数的影响，直接影响到黄金的走势。

（二）供需关系

因为黄金具有商品属性，因此它的价格自然会受到供需关系影响。由于金矿的保有量基本固定，每年的开采也十分稳定，因此不会出现供应量暴增的情况，那么，需求端的变化对金价的影响就尤为明显了。需求则分为两大块，一是作为商品的消费需求，如工业使用、装饰品消费等；二是各国央行或货币组织对黄金储备的需求。这两方面需求无论哪一方面上涨，都会导致金价上涨。

（三）避险情绪

当风险事件来临时，市场资金会自动跑去黄金那里避险。避险情绪对金价的影响是最直接也是非常迅速的，比如，2020 年的美国大选、部分地区局势紧张、全球经济增速放缓等，这些因素反映到金价上的波动也是不同的。

（四）通胀和通缩

通胀和通缩是两种常见的经济现象。通胀最直接的表现就是货币贬值，此时拥有保值属性的黄金就会凸显出投资价值，因此明显的通胀会导致金价上涨，当通胀压力下降时，金价也会出现下跌。而通缩并不一定会导致金价下跌，因为严重的通缩会导致经济衰退，市场避险情绪会随之攀升，黄金作为避险工具，同样会受到资金追捧，从而致使金价上涨。

（五）原油价格

大部分情况下，原油价格和金价是正相关关系，原因是石油作为重要能源和工业原料，它的价格上涨会直接导致社会商品价格的普遍上涨，进而推高通胀，从而导致金价上涨。不过，原油价格和黄金价格也存在背离的情况，如 2020 年原油价格暴跌期间，黄金价格出现了单边上涨趋势，因此在实际应用时需要具体问题具体分析。

三、两大预判金价的指标——金油比和金银比

对于普通投资者来说，逐一去分析影响金价的因素的确比较复杂。那么，有没有简单易行可以分析金价走势的指标？还真有两个，它们分别是金油比和金银比。

（一）金油比

黄金和原油都是以美元计价，所以美元指数上涨，黄金和原油价格就会下跌；反之，美元指数下跌，黄金和原油价格大概率会上涨，基本上黄金价格和原油价格是同向波动的。不过，即便波动方向相同，波动幅度也不相同，如何搞清楚黄金和原油之间的联动关系呢？

这就得用到金油比这一指标，即国际金价和油价的比值，就是 1 盎司黄金所能购买的桶油的数量，一般我们使用伦敦黄金现货价格和 WTI 原油价格计算金油比。比如，某天伦敦黄金现货价格是 1400 美元/盎司，当日的 WTI 原油价格是 50 美元/桶，那么，此刻的金油比就是 1400/50＝28。

黄金、原油、美元走势密切挂钩。从货币计价的角度来看，由于黄金和原油都是以美元计价的，所以两者通常呈同向波动的状态，虽然背离走势也时有出现，但大的背离或短时间内背离加速，通常意味着一些"特殊事情"的发生。有分析统计称，金油比每次攀升至 20 左右的高位时，往往都预示着地缘政治危机或大范围金融危机的爆发。信达证券曾指出，金油比的历史峰值期，大多处于金融市场下行周期，并伴随着战乱动荡。比如，在阿富汗战争、索马里战争、科

索沃战争等时期，金油比均有上升至峰值的表现。2008 年全球金融危机后，金油比一度升至 20。全球投资者的避险心态是推动金油比上升的主要诱因。

（二）金银比

金银比就是同一时间点上黄金价格与白银价格的比值，相当于购买 1 盎司黄金所需白银的盎司数，一般用的是 COMEX 金银比来进行计算。

金银比通常用于判断金银价差的合理性，大家可以参考金银比来判断当前金价处于一个什么样的位置。如果金银比超过了 70，基本可以说明金价相对高估了；如果金银比低于 40，基本可以说明金价相对低估了。大家可以这两个数值为参考指标来指导自己的黄金投资操作，判断阶段性金价的涨跌概率和空间。

金油比和金银比是两个判断金价短期走势的指标，虽然不能够精准预测价格，但在实际投资中，把握方向比猜价更为重要，还是很适合普通投资者使用的。

她姐说：

查看实时行情，她姐推荐大家去 Wind、Choice 或是支付宝里搜索对应标的，即可查询到相关行情。

四、普通投资者如何购买黄金

对于普通投资者来说，投资黄金最主要的两种方式就是买实物金或投资黄金金融产品。其中，黄金金融产品主要包括黄金基金、黄金概念股、纸黄金等。

（一）实物金

我们平时接触到的黄金首饰、金币、金条等都属于实物金。从投资性来看，最适合的实物金就是金条，因为金条只是以黄金为原材料，稍作加工制成，它的价格基本等同于黄金自身的料价，并且易于流通变现。相比之下，黄金首饰和金币的加工成本较高，更侧重于收藏价值，且不易流通变现，故不适宜作为投资品。

关于金条的购买渠道，首先推荐银行。因为银行能够保证金条来源于正规渠道，加上银行网点较多，交易简便，只需带着现金或在银行开立的储蓄卡（折），以及身份证等有效证件，就可以按银行公布的价格购买金条。购买时，银行会开具发票和成交单等凭证。可以选择将金条直接带走，或者在银行开个保险柜委托保管。

（二）黄金基金

黄金基金是指持仓的绝大部分为实物黄金、追踪交易所金价走势的基金。部分黄金基金积攒一定份额后不仅可以兑换实物金，还可以通过黄金租赁获取收益。

从黄金基金的交易方式来划分，可以分为场内、场外两种。如果你有股票账户，可以直接在场内交易黄金 ETF，不仅操作方便，还支持 T+0 交易，当天买入后当天就可以卖出。如果没有股票账户的话，也可以和买普通基金一样，通过基金公司官网、银行或第三方基金销售平台申购场外黄金基金。

以场外黄金基金为例，这类基金起投门槛较低，基本 10 元即可起投，交易费用也很低，为 0.06%~0.15%。

黄金基金类产品比较适合风格偏稳健，对资金流动性要求较高，或是偏小白的投资者来参与。

（三）黄金概念股

黄金概念股一般指的是涉及黄金行业的股票，包括黄金开采行业的个股、黄金首饰经销等的个股。但是黄金概念股的弹性相对较大，波动风险也较高，除非自身风险偏好较高或是投资经验很丰富，不然就不要贸然炒黄金概念股。

（四）纸黄金

纸黄金是一种个人凭证式黄金，投资者可以按照银行报价在账面上买卖"虚拟"黄金，通过把握国际金价的走势来赚取黄金价格的波动差价。在纸黄金的交易过程中，是不会发生实金提取和交割的，买卖交易记录只会在个人预先开立的"黄金存折账户"上体现，相当于投资者在和银行做对手交易。纸黄金的主要风险来源有两方面，即国际金价的自身波动和来自银行作为做市商的对手方风险。

纸黄金的交易方式有两种：一是做多（即先买后卖）；二是做空（即先卖后买）。如果投资者预测未来金价会上涨，那么就可以做多；若投资者预测未来金价将下跌，则可以做空。

这里需要注意一点，在进行做空交易，即先卖出后买入时，是需要交一笔保证金到预留的银行保证金账户的，保证金金额=卖出开仓数量×卖出价格×100%。当客户保证金比例低于或等于50%时，银行将提示客户追加保证金；当客户保证金比例低于或等于20%时，银行可进行全额强制平仓。保证金比例=（保证金账户金额+账面盈亏）/卖出账户冻结保证金×100%。

我们举个例子加以说明：小明准备进行纸黄金的做空交易，他转入 3500 元人民币到保证金账户，以 350 元/克的价格卖出 10 克黄金。假设，未来金价上涨至 630 元/克时，小明的账面盈亏为−2800 元，保证金比例变为 20%，这时若金价再有上涨，银行就可以对小明交易账户中卖出的 10 克黄金强制买入平仓，然后把剩余清算资金划入小明的保证金账户。

鉴于纸黄金有门槛较低、交易便捷、交易时间长、有一定比例的交易手续费等多重特点，建议有一定风险承受能力的投资者参与，并且大家在投资纸黄金的过程中需要放平心态，否则过度追涨杀跌很难赚取收益。同时，纸黄金的交易时长几乎是 24 小时，因此大家要安排好作息，以免劳财伤神。

以上就是关于实物金、黄金基金、黄金概念股和纸黄金 4 类投资品的主要信息，大家可以参考表 6-11 进行投资品选择。

表 6-11　实物金、黄金基金、黄金概念股和纸黄金的主要信息

投资品种	投资门槛	交易渠道	交易时间	交易费用	流动性
实物金	大部分 100g 起	线下金店，银行柜台	以线下销售时间为准	加工费、保管费等	弱
黄金基金	100 份起	场内：证券账户	交易日的 9：30~15：00	依券商佣金而定	强
	10 元起	场外：基金公司，银行，基金代销平台	24 小时	0.06%~0.15%	
黄金概念股	100 股起	证券账户	交易日的 9：30~15：00	0.03%左右	强
纸黄金	大部分 1g 起	银行柜台、网银	24 小时	0.6~1 元克	强

她姐说：

要提醒大家的是：在选择适当黄金投资品的同时，也不能忽视黄金投资本身的风险。投资时需要根据自身资金状况和风险承受能力来合理配置，控制好投资比例和止盈止损点。

◆第十节　可转债打新，一个特别适合新手的投资品

近些年参与可转债打新的人越来越多，这是因为它风险低、门槛低，只要中签了，大概率是能赚钱的，而且收益率也很可观。为什么可转债能赚钱？什么样

的可转债值得去打？又该如何提高打新中签率？下面，她姐就跟大家详细说说听起来不陌生，但大家未必真正了解的可转债。

一、可转债=债券+一份可将"债券转换成公司股票"的权利

可转债，全称是可转换公司债券，这里的"公司"，必须得是上市公司。从属性上看，它首先是"债"。投资者买了可转债后便成为上市公司的"债主"，到期后可以拿回约定好的本金和利息，但是利息特别低。比如，第一年的利率为0.5%，第二年的利率为0.8%，第三年的利率为0.8%，第四年的利率为1.4%，第五年的利率为2.0%等。这么低的利息回报，肯定是没人乐意借钱给上市公司的。于是上市公司就说了：咱们签个协议，未来公司的股票价格涨了，你可以拿这张可转债按照之前约定好的价格（即转股价格）换成公司的股票，你从"债主"变成了公司的"股东"，然后你可以按照股票市价卖出，赚取差价；相反，如果股价不涨，就当买了份固定期限的债券，到期后连本带利的把钱拿回去。

正因为可转债具备股债双重特性，所以又被认为是"下有保底，上不封顶"的投资品。"下有保底"的意思是说，无论股票价格跌得多厉害，可转债都有基本的债券收益。"上不封顶"则体现在转股后以及股价上涨后的回报方面。比如，发行债券的上市公司现在的股价是10元，跟你约定的转股价是12元，这就意味着在债券存续期（5~6年），你可以在固定的转股期拿着这张可转债以12元的价格换成公司的股票。

虽然现在的股价低于12元，但是未来5~6年间的股市一定是波动的，一旦赶上一波上涨行情，股价大概率会上涨，假如从10元涨到了20元甚至更高，而你和上市公司约定的价格是12元，相当于你只花了12元就买到了价格超20元甚至更高的股票，所以理论上来说可转债潜在的获利是不封顶的。

况且，哪怕你没有将可转债转换成公司的股票，但因为可转债是可以在场内交易的，股价上涨时，可转债本身的市场价格肯定也不止初始的票面面值，你也可以直接把可转债卖掉，同样能赚钱。

因此，一来买可转债不怕熊市，因为即使你什么都不做，只是将债券持有到期，上市公司也是要还本付息的，即"能保本"；二来还能跟着牛市涨，可以把债券转换成股票，享受牛市的红利，或是获得可转债本身的市价上涨带来的收益。如此，可转债成为"网红"投资品，被越来越多的人青睐，就不足为奇了。

二、该如何参与可转债的投资

先开通证券账户，按新规要求，2022 年 6 月 18 日及以后开通证券账户的投资者，参与打新债要同时满足两个条件：一是开通前 20 个交易日账户日均资金不低于 10 万元；二是有两年以上的交易经验。在新规生效之前已开通可转债交易权限的投资者不受影响。

具体打新操作是：登录券商账户—点击买入—输入申购代码—点击"全仓"或顶格申购。

由于可转债的中签概率很低，所以大家要选择顶格申购，尽可能提高中签概率。如果可转债中签，缴款当日都会在持仓里显示。可转债每张面值 100 元，如果中的是 10 张，就要在账户保留 1000 元。如果中签了，一般在 T+2 日进行网上中签缴款。可转债中签缴款后通常在 15~20 个工作日上市。如果仅仅是希望通过打新获利，只要可转债上市首日没破发，当天卖出就行，操作方法和买卖基金或股票相同。

三、既然可转债进可攻、退可守，为何也会破发?

这就是股债双重属性的弊端了。一方面，因为市场出现调整，多数转债的正股股价出现了大幅波动，而转债的价格表现和正股走势一致，所以转债价格会面临破发风险。另一方面，股票的基本面出现严重变化，甚至出现债券违规风险，在一定程度上也会引起投资者恐慌，抛售可转债，从而导致可转债价格下跌，出现破发的情况。另外，发行可转债的上市公司大股东在配售的可转债上市后快速套现的行为，也会引发投资者的担忧，从而跟风卖出，导致可转债破发。

当然了，可转债破发的概率整体上是比较小的，如果投资者选择了优质的可转债，能赚到钱的概率是比较大的。

四、我们该如何避免打那些可能破发的可转债?

我们要了解两个重要的概念：转股价和转股价值。可转债具有债和股的双重属性，上市公司承诺的那个拿着可转债能换股票的价格是转股价。这个转股价并不是由上市公司随意决定的，它需要"不低于募集说明书公告日前 20 个交易日股票交易均价和前一交易日公司股票交易均价"。也就是说，因为时间很接近，可转债的转股价与申购日对应的公司正股价格不会存在太大差别。

所以，转股价低于正股价越多，越值得参与，如果转股价明显高于正股价就要谨慎了。比如，打新债的时候，上市公司现在的股价是 10 元，如果可转债的转股价为 9 元，中了签就意味着转股后用九折买入公司的股票，买到手就相当于直接赚钱，所以大家都知道能买赶紧买，一般不会破发；而如果转股价为 11 元，那么就要考虑一下了，这家公司未来的股价能否涨到 11 元以上？如果不能，那么还怎么通过转股获利？况且在市场上能直接以 10 元的价格买到股票，何苦还绕着圈地买了转股债再去等待转股的机会？这时候中签的人，在首日如果想卖出去，可能就不得不赔钱了。

另一个重要概念是转股价值。转股价值，是用来判断转股债值多少钱的。计算公式是：可转债的正股价格÷转股价×100。以表 6-12 中的 5 只可转债数据为例，其中，"未来转债"的转股价值最高（132.38 元），正股价格明显高于它的转股价，所以上市当日的可转债收盘价也明显高于其他 4 只可转债。

表 6-12　可转债数据　　　　　　　　　　　　　　单位：元

名称	正股收盘价格	转股价	转股价值	上市首日开盘价	上市首日收盘价
参林转债	46.3800	48.05	96.52	106.00	107.50
启明转债	28.7700	28.33	101.55	112.00	110.90
海环转债	8.1200	7.80	104.10	105.09	106.51
亚药转债	17.8000	16.30	109.20	108.00	106.81
未来转债	11.5700	8.74	132.38	115.00	122.40

资料来源：集思录[①]。

我们打新可转债的时候转股价已定，而正股价格还在变化。可转债从申购到中签再到上市，少则半个月的时间，多则一个月的时间，预期期间正股看涨的可转债更值得参与，而对于期间有重大利空、正股预期下跌的可转债，即使转股价再低也要谨慎参与，因为保不齐到了上市的那天，正股价比转股价还要低许多。所以，对于不想具体研究市场和企业、只想打新的投资者，推荐只在市场整体表现良好的时候参与，以降低风险。

---

① 集思录是一个低风险投资理财问答社区，由北京集思汇智信息科技有限公司开发运营。

五、有什么办法可以提高中签率？

下面给大家介绍三种可以有效提高可转债打新中签率的办法。

第一种：顶格申购。估计会有投资者是这样操作的：担心顶格申购中签后，自己没那么多钱购买，心理压力大，所以每次就申购一两百张。其实多虑了，可转债10张为1手，也就是1签，10000张为1000手，也就是1000签。全部申购，运气好也就中个一两签，最多的也就中十几签，不可能全中，所以放心大胆地顶格申购就行。

第二种：去参与创业板可转债打新。其实不只是主板和中小板有可转债，很多在创业板上市的公司也会发行可转债。只不过相对于主板和中小板而言，在创业板上市的都是一些中小企业和高科技公司，所以股价波动大，对散户来说投资个股的风险很高。但是对于可转债来说，其实风险并没有增加，因为从目前来看新上市的创业板新债绝大多数也是会上涨的。

第三种：持有可转债正股的股票，即抢权配债。前面提到的方法只能帮我们提高中签率，接下来要说的这个方法就不是提高这么简单了，能让你100%中签。所谓配债，就是在上市公司正式发行可转债之前，购买上市公司的股票，这样我们作为公司股东，拥有优先配置可转债的权利，也就是说会按照我们所拥有正股的数量，按比例下发一部分新上市的可转债，这样就实现了100%中签。

在介绍如何操作之前，我们先来看看可转债发行的流程：董事会预案—股东大会批准—证监会受理—发审委通过—证监会核准批文—发行公告。在以上流程中，有两个时间点可以进行操作：一是在证监会发审通过或者证监会核准批文后进行配债；二是在公司发布募集说明书后再进行配债。

在证监会发审通过或者证监会核准批文后进行配债，有几个注意事项：

（1）上市公司拿到核准批文后，是可以撤回向证监会的申请的，并不是所有的可转债都能发行成功，如交通银行2018年底就拿到证监会核准批文了，但至今都未发行，这种案例虽然极少发生，但也需提醒大家注意。

（2）抢权配债虽然叫"配债"，但本质并不是投资债券，而是投资正股。既然持有股票，那么就得承受股票本身的涨跌盈亏，这个波动金额比可转债收益要大得多。也就是说，抢权本质上是炒正股，可转债收益是附带的，这一点投资者一定要认识清楚。

（3）由于这一阶段上市公司并未披露具体的配售比例，所以需要我们自己粗略计算配售比，计算公式可以参考"发行转债的规模/总股本"，当然这只是估算值，有可能导致我们买入的正股数量不够最终配债，也可能买多，之后需要承担更多的股价波动风险。

在公司发布募集说明书后再进行配债应该进行以下操作：

第一步：挑选抢权配债的可转债。筛选待发转债是否值得抢权时，我们可以首先参考"百元含权指标"，意思是每 100 元股票可以配多少元可转债。这个指标越高，说明可以用越少的资金买股票获得配售单位可转债，所承担的资金风险越低，我们可以尽量选择百元含权指标值大的（见表 6-13）。

表 6-13　百元含权指标

待发转债（刷新）　　发行流程：董事会预案→股东大会批准→证监会受理→发审委通过→证监会核

代码	名称	类型	发行规模（亿元）	方案进展	进展公告日/申购建议	百元股票含权（元）	转股价	现价
601012 113038	隆基股份 隆20转债	可转债	50.00	2020年9月8日上市	建议申购	1.99	52.77	66.09
603871 113599	嘉友国际 嘉友转债	可转债	7.20	2020年9月7日上市	建议申购	9.94	24.82	31.10
000070 127021	特发信息 特发转债2	可转债	5.50	2020年9月4日上市	建议申购	5.76	12.33	11.16
002815 128131	巍达技术 崇达转债2	可转债	14.00	2020年9月7日申购 申购代码072815	会员	8.30	19.54	19.12

资料来源：集思录[①]。

第二步：确定买入正股的时间和配售份额计算。T-1 日：持有正股，不论什么时候买入，只要在这一天收盘持有，即使第二天卖出都可获优先配售权；T日：下单参与优先配售，缴纳资金即可获得转债份额。

[①]　集思录是一个低风险投资理财问答社区，由北京集思汇智信息科技有限公司运营。

配售份额的计算公式如下：

沪市转债配债 1 手所需正股 = 500÷每股配售比

深市转债配债 1 手所需正股 = 1000÷每股配售比

我们以沪市发行的隆基股份隆 20 转债为例，根据图 6-7 的上市公告书可知：

16. 向公司原股东配售的安排

　　本次发行的可转换公司债券给予公司原 A 股股东优先配售权，原 A 股股东有权放弃配售权。原 A 股股东可优先配售的可转债数量上限为其在股权登记日收市后登记在册的持有发行人股份数按每股配售 1.325 元可转债的比例计算可配售可转债金额，再按每 1000 元为 1 手转换成手数，即每股配售 0.001325 手可转债。

图 6-7　上市公告书样章

资料来源：《隆基绿能科技股份有限公司公开发行可转换公司债券募集说明书》。

按每股配售 1.325 元可转债的比例来计算配售份额，那么要配售 1000 元可转债，需持有正股 500÷1.325 = 377 股，由于股票交易单位最少为 100 股，所以按整手算至少需要持有 400 股。按股价 66.09 元计算，需要投入 400×66.09 = 26436 元。也就是说我们要提前一天用 26436 元买入 400 股正股，到时候我们就能 100% 中签 1 手隆基股份隆 20 转债。另外，我们需要根据可转债上市预估涨幅与所需资金比值判断大概的安全垫，如果安全垫波动幅度低于 4.5%，不建议参与配债。

在实操时还有一点提醒大家，采用配债后，配售日（T 日）在交易软件持仓股中会出现"××配债"的字样，点击"卖出"（有的软件是"买入"），输入数量，确定即可（如果没显示代码则自行输入）。要保证账户中余额充足，卖出之后扣款成功（软件中可用资金减少了），就意味着配售成功了。

还是要强调，在上面两个时间点进行配债，虽然能确保 100% 中签，但是风险更大。这里的风险主要是正股的股价波动带来的不确定性，毕竟我们要提前持有股票，因此如果买入的正股跌了，可转债上市破发，那损失可能就更大了。

第七章
个人信用维护：
隐形财富加持

 第一节　信用时代，如何保持良好的个人信用？

　　如今，信用已经成为我们的隐形财富。无论是买房、买车的贷款，还是申请信用卡，银行和贷款机构无一例外都要审查我们的信用记录。而我们过往的信用行为，同样也会影响到未来的衣食住行等方方面面。

　　比如，贷款，信用好的人，能更容易获得银行贷款，而且信用越好，贷款的额度也越高。再如租房，在一些城市，信用好的租客不仅能按月来缴纳租金，甚至不需要像之前那样押一付三了。以上举例只是良好的信用给我们的生活提供便利的冰山一角。实际上，信用早已融入了我们的生活，未来还将有更广泛、深远的影响。

　　正如"罗马不是一天建成"的，信用也是一点一滴积累起来的，在积累的过程中，我们如何保持良好的信用记录，是值得关注的话题。

一、哪些行为会抹黑我们的个人信用

（一）逾期欠费行为

逾期是抹黑我们个人信用最主要也是最常见的原因之一，它不限于信用卡、房贷、车贷，就连保费、水电燃气费、车辆罚款甚至 ETC 等逾期欠费行为，都会抹黑我们的个人信用。

（二）不良的社会行为

比如欠税，包括个人所得税及其他应缴所得税费，这种行为被记录在个人征信记录中；又比如涉及民事诉讼的，经法院判决并发布之后并没有按时执行的，那么法院会将这个行为上传到个人征信记录中；再比如被行政处罚后，没有按时履行处罚的，行政机构也会把这种行为上传到个人征信记录中。

除了上述这些涉及税和费的不良行为以外，还有一些我们生活中的不良行为同样会抹黑我们的信用。比如，闯红灯，目前在深圳、重庆等地已经有闯红灯被记入个人不良征信的案例了。再如，飞机、高铁"霸座"、地铁逃票、旅游中的不文明行为等，都会影响我们的信用。

二、如果我们的个人信用已有污点，会有怎样的后果？

其实对于失信后的惩戒，许多领域和行业都已经施行"黑名单"机制，进了"黑名单"后，失信者将在衣食住行和职业发展等方面受到限制。比如，会影响公务员录用和提拔任用；无法购买不动产或者新建、扩建、高档装修房屋；限制申请贷款；限制乘坐交通工具，无法选择飞机、高铁、动车一等座，列车软卧，轮船二等以上舱位；限制在星级以上宾馆、酒店等场所进行高消费；限制支付高额保费购买保险理财产品；限制购买非经营必需车辆；会限制子女就读高收费私立学校……可以说是"榜上有名，脚下无路"，失信者是要为自己的行为付出代价的。

三、保持良好的个人信用，有五个方面需要注意

第一，只要有负债，就要按时足额还款。其实有负债很正常，只要我们记清还款日期并按时足额还款，认真履约，保持良好记录就行。

第二，在自己的能力范围内消费。所谓能力范围内，指的就是还款能力之内。如果不考虑自己的偿还能力而盲目消费，导致还款期限内不能按时还款，肯定会在个人征信上留下不良记录。因此我们要量入为出，合理开支，不要过度消费。

第三，如果错过还款期，要及时与发卡机构沟通。假如错过信用卡还款期限，要尽快同发卡机构联系，看能否申请延迟还款，否则发卡机构可能会直接将你的逾期信息提交到中国人民银行。

第四，信用卡逾期后不要立即销卡。如果信用卡已经出现了逾期，千万不要注销信用卡，恰恰相反，要正常还款，然后正常使用。因为一旦信用卡逾期以后被注销，信用记录就永远停留在逾期，也有可能会被银行认定为恶意透支，直接进入"黑名单"，后果可想而知。

第五，妥善保管自己的身份信息。不要随意向他人泄露自己的身份信息，防止信息被盗用。

她姐说：

信用，是我们的隐形财富，而个人征信报告，则是证明我们这份财富多寡的账单。如今，它正在逐渐渗透到我们每一项重大的经济活动中。

◆ 第二节　如何查看个人征信报告？

了解了信用在当今社会生活中的重要性，以及我们该如何保持良好的个人信用后，下面来说说征信报告，让我们在最短的时间内以最简单的方式看懂自己的征信报告。

一、什么是征信报告？

个人征信报告，是记录我们过去信用信息的文件，包括向银行等金融机构借款的笔数、金额以及还款情况，信用卡的持卡数量、授信额度、使用情况以及还款情况，换句话说，就是记录我们信用历史的一张"经济身份证"。

这张"经济身份证"上的信息，主要是由中国人民银行征信中心负责提供。里面会记录 5 大类信息，分别是：

（1）个人基本信息，包括我们的身份信息、居住信息、职业信息等。

（2）信贷信息，包括贷款和还款的记录，这也是信用报告中最核心的部分。

（3）非金融负债信息，是指那些先消费后付款形成的信息，如电信业务缴费。

（4）公共信息，包括社保公积金信息、法院信息、欠税信息、行政执法信息等。

（5）查询信息，包括过去两年内，何人何时因为什么原因查过自己的信用报告。

二、新版个人征信报告有哪些变化？

2019年5月1日，新版征信报告正式启用。与旧版相比，主要有几个方面的变化：

（1）个人信息越来越全面翔实。旧版征信报告中只记录基本的个人信息，而新版征信报告会完整展示学历信息等一系列个人信息，还会完整体现配偶的信息，如姓名、证件类型、证件号码、工作单位和联系电话。

（2）还款记录期限变长。旧版征信报告的还款记录保留两年，只有逾期、呆账等不良信息才会自中止之日起保留五年。而新版征信报告将还款记录延长至五年，与逾期信息一致，如果欠款一直未还，则不受年限限制，意味着不良记录可能跟随个人一生。同时还增加展示"已销户贷记卡近五年还款记录"，也就是说我们注销的信用卡近五年的还款记录也能查到。

（3）月还款金额明确标注。旧版征信记录只会显示个人每个月还款是否正常，并不知道具体的还款金额是多少。而新版征信报告增加了还款金额信息，逾期或透支额也会标注出来。

（4）销户、未激活账户也有记录。以前销户后，征信报告中就不会再显示还款记录了，而现在新版征信报告还款记录依然还会显示出来。这就意味着，之前信用卡的使用情况也会显示在征信报告里，甚至未激活的账户信息也会有显示。

（5）新增非金融负债信息明细。除了借贷信息之外的其他信息也会纳入新版征信报告，如电信业务、自来水业务缴费情况。

其实，新版征信报告较之前更新的信息远不止以上几点，比如还新增了公共信息明细、防欺诈警示、多类证件合并、重要证件遗失声明等信息。从变动可以看出，新版征信报告让银行及其他金融机构能查询到的信息更多、更全面了。

三、如何查询个人征信报告？

先从查询渠道来说，目前，个人征信报告的正规查询渠道有三种：一是到央行各分支机构现场查询；二是通过个人信用报告自助查询代理点查询，现在一些商业银行网点已经配备了个人征信报告自助查询机；三是登录中国人民银行征信中心官网查询，这也是当前最便利的查询方式。

下面我们来具体说说第三种查询方法，也就是在中国人民银行征信中心官网查询的步骤。

第一步：登录中国人民银行征信中心官网。

搜索官网时，看清楚右上角的蓝色"官方"小字，要注意，非官方渠道的网站不要去点击。

之后进入主页，点击"互联网个人信用信息服务平台"，再点击"马上开始"。

第二步：按照提示完成注册和登录。

如果你是新用户，先注册账号，之后再登录，一定要妥善保存自己的登录名、密码；如果你是老用户，直接用账号密码登录就行了。

第三步：申请信用报告。

要点只有一个，就是在页面上全部打钩，查看完整报告。

第四步：获取报告。

征信报告并不是在申请后马上就能看到的，通常要第二天才能查看，一定要注意查收短信验证码。

四、如何看懂个人征信报告的重点？

有以下三方面的信息要多加留意：

第一，个人基本信息。征信报告上有查询者本人的姓名和身份证号，以及个人基本信息介绍，包括身份信息、配偶信息、居住信息、职业信息，我们要对上述信息进行核对，仔细查看是否有错误、不一致的地方。

第二，信贷记录和公共记录。这部分包括查询者在银行名下的贷款、信用卡的使用情况以及其他金融机构的贷款记录，这项内容算是个人征信报告里面最重要的一部分。如果里面有逾期记录，建议可以给银行和征信中心打电话，了解一下原因和补救措施。

第三，查询记录。这里记录的是个人在银行申请办理贷款和信用卡之类业务的查询次数。我们要重点看一下查询日期、查询操作员和查询原因，一般常见的查询原因有贷后管理、信用卡审批和贷款查询。如果是个人的查询次数过多，银行等金融机构可能会认为你在短期内的偿还能力不足。

五、不要选择第三方 App 查看个人征信报告

尽管中国人民银行征信中心官网上挂有安全提示，声明未授权任何第三方应用程序（App）提供个人信用报告查询服务，但是在某些应用商店输入"征信"后，还是会跳出多款标明个人征信查询的 App 呢？

实际上，这类所谓的查征信 App 很可能是在收集用户个人信息后交易给非法机构，衍生出个人信息的买卖，最终导致个人信息泄露。因此，为了保护个人信息，一定不要选择第三方 App 去查询个人征信报告。

◆ 第三节　关于个人信用的六个问题，你一定要知道

通过前面的内容，我们了解了信用在当今社会中的重要性以及如何查看我们的征信报告。下面，我们再针对个人信用和征信报告中常见的问题，进行一些解答。

一、几个与"个人信用"相关的问题

（一）信用"白户"更容易顺利借款吗？

所谓信用"白户"，是指从来没办过信用卡，也没有任何贷款记录，在中国人民银行征信报告中个人信用记录是空白的人群。

可能有人觉得征信报告中什么记录都没有，就相当于没有负面信息，肯定容易贷款。但实际上却未必，因为信用记录一片空白，银行不能从中获知你的消费能力、还款能力和信用状况，没有了可参考的依据，无法摸清你的"底细"，也就意味着无法评估风险，银行自然会望而却步。就算放了款，在贷款产品的选择

上也会很局限，额度跟利率也不会理想。所以信用"白户"更容易获得贷款的想法是错误的。

如果未来有贷款需求，那么信用"白户"可以通过"养信用"的方式来增加自己的征信记录信息，最有效的办法就是办理信用卡，经常刷卡消费并及时还全款。

（二）花点钱就能把不良信用记录"洗白"，这是真的吗？

切勿相信市面上所谓的花钱找关系就可以"洗白"征信不良记录的虚假信息，中国人民银行建立的公民个人信用档案，里面记录的数据是不可能轻易被篡改的，即使通过正规渠道修改信用信息，也需要层层上报和审批，关键是并不需要花钱啊！这些打着花钱就能"洗白"不良信用记录的"铲单中介"全都是骗子，他们很可能是为了获取你的个人信息，来盗刷你的信用卡。

二、几个与个人征信报告相关的问题

（一）什么都不做，不良信用信息5年后会自动消失吗？

这是对征信最大的误解。事实上，征信5年后消除逾期记录的前提是你必须把之前的逾期金额及罚息全部还清。根据国务院《征信业管理条例》第十六条规定：征信机构对个人不良信息的保存期限自不良行为或者事件终止之日起为5年；超过5年的应当予以删除。因此，黑名单消除的前提条件有两个：

（1）必须把之前的欠款及罚息全部还清；

（2）从结清之日起5年之后才会消除。

所以大家不要以为逾期5年后征信记录就会自动消除，更不要不把征信当回事，因为征信与我们生活工作息息相关。

（二）有不良信用记录，就肯定没法贷款了吗？

其实也没这么严重，银行对于有逾期记录的征信，会通过三个指标，分别是逾期时长、逾期金额和个人现金流来做综合判断。

其中，逾期时间的长短用来判断是否属于主观故意行为；逾期金额及个人现金流则是来判断用户是否具备还款履约能力。通常情况下，只要两年内累计逾期次数不超过6次，连续逾期未达到90天的，还能从银行获得贷款。另外，个人现金流是否充裕也是银行的判断标准之一。同时，如果我们还能通过别的资料证明自己的履约能力，那就更容易获得银行贷款了。

（三）频繁查询征信报告真的会影响贷款吗？

有些人可能听过类似"信用报告查询次数越多，申请贷款就会越难"的说法，首先我们要肯定的是，在个人征信报告中，查询记录包括查询日期、查询操作员、查询原因等内容。在某一段时间内频繁查询征信报告，肯定会被记录在数据中。

我们不妨换位思考一下，如果我们是银行，要把手里的钱借出去，如果对方的征信报告中有短期内频繁查看征信报告的记录，肯定会觉得申请人财务状况出现了问题，或者申请人急需借钱。这种情况在银行看来风险较大，所以会谨慎放贷。所以如果查询记录次数过多，确实会影响金融机构对贷款申请用户的信用评定及放贷结果。

那么，查多少次算频繁呢？银行和金融机构并没有具体的标准。一般来说，最好 1 个月不超过 5 次，3 个月不要超过 10 次，否则可能会影响贷款审批，甚至会导致银行拒贷。建议大家没有需求不要频繁地查询征信报告；即便有需求，也要珍惜每一次查询机会，不要轻易而频繁地查询。

（四）信用卡已经按时还款，为何征信报告中还会产生逾期记录？

如果出现了这个问题，那么要看一下是不是因为还款渠道出现问题。如果使用跨行转账还款，由于各家银行间处理还款账户的规定不同，存在两个银行间账务处理时滞，可能使钱款到账时间晚于还款日期，从而导致钱未按时还上，就会造成逾期，从而留下逾期记录。如果用的是第三方渠道还信用卡，如支付宝、微信，也要注意可能会有到账延时的问题，有的银行可能是一天后到账，有的银行到账时间可能会更长。

除以上原因外，还有一些其他原因也可能导致逾期的发生。比如，节假日期间，银行清算时间可能会发生变更，即使持卡人及时还款也可能出现钱不能及时到账的情况，如果你的信用卡还款日恰逢节假日，建议最好提前一天还款。同时，如果你在一家银行拥有多张信用卡，也可能会出现自己以为已经将钱还到了需要还款的卡上，但其实是把钱还到了同行的另一张卡上的情况，这样很容易造成逾期。

针对以上关于个人信用和征信报告中常见的问题，希望大家积极规避，重视个人信用，保持良好的信用记录。

第八章
保卫钱包：
带你识破理财骗局

◆ 第一节　以养老的名义，不仅骗钱还骗房

现在针对老年人的商品和服务多种多样，可一些骗子也把歪心思用到了老年人身上，不仅有保健品陷阱，还有人拿"养老"这件事大肆行骗。

下面，我们来看几个案例：

案例一：只需 40 万元保障金，不仅每年可得高额回报，还能免费养老？

2018 年，某家养老机构打着免费养老的幌子哄骗老人投资。起初，这家所谓的养老机构号称花费 5 元办个会员卡，就能在门店吃喝玩乐；只要交 40 万元保障金，就可以享受最高每年 13.5% 的收益率，并且这些保障金在老人去世后子女可以继承。随着宣传力度的增加，参与进来的老人越来越多，而该养老机构为了扩大会员规模，一开始确实按照宣传的收益率支付收益，甚至还推出了 3 个月的短期产品，很多尝到甜头的老人又追加了几十万元甚至上百万元。拿到钱的所谓"养老机构"最终就是跑路了。

案例二：一张养老床位，竟炒出 24 万元天价？

早前爆雷的上海某家机构，其业务员先是在老年人常出没的地方，如公园、

车站、医院等场所，派发低价甚至是免费旅游的传单，吸引老人参加旅行团。成团后，就会在旅行的第二天，待老人放松警惕后开始宣传所谓的"养老床位预订服务"，一次性交纳24万元，便可在该养老院获得一张床位的26年使用权，如果暂时不住，还可以把床位返租给开发商，租金收益率为一年8%~10%，按季度结算。旅行结束后，业务员还会带老人去实地参观养老房，屋里设有厨房、独立的卫生间，配置有自动马桶等配套设施，看上去就像高级公寓。如果老人对生活质量要求更高，还有VIP床位可供选择，售价为44万元。看到真实且环境很好的养老房后，老人的购买欲望也就上来了。短短两个月，有近240位老人进行了投资，最高单笔投资达到了50万元。而这240笔资金无一开具发票，仅仅给了每位预购人一张不提及任何名目的收据，甚至很多钱打到了公司法人的私人账户上。当然，最后的结局也是老人的养老钱都打了水漂。

梳理一下上面这两个打着"养老"旗号骗人的套路，无外乎就是：第一，先以诱人的福利吸引老人的关注，如低价甚至是免费的旅行、低价享受养老服务等；第二，持续向老人灌输所谓养老产品的概念，并带老人实地考察，从而打消顾虑，增加信任；第三，承诺高额回报，甚至还承诺老人去世后子女还能继承自己所缴费用。

但实际上，这些所谓的"养老服务"，本身已经属于非法集资和传销这类违法行为了。如果说上面这两个诈骗案例的套路还比较好辨别，最坏的结果就是骗老人的钱，那么"以房养老"的套路不仅骗老人的钱，还骗人的房子，甚至让老人背上高利贷。

以房养老是一种新型养老模式，即老年人将房屋抵押给保险公司或者银行等金融机构，不仅可以继续居住，还能根据房屋对应价值，每个月从金融机构领取一笔资金用于基础养老金的补充，身故后金融机构可以通过处理房屋来获得先前支出的费用。这本来是挺好的一件事，但是却被骗子偷换了概念。下面看一个案例。

案例三：老人的房子没了，还背上了高利贷。

家住北京的曾阿姨被朋友介绍了一个"以房养老"的项目，就是把自己的房子抵押出去，然后把抵押得到的钱再交给他人帮忙投资理财，这个朋友说靠这个项目已经挣了几百万元，现在每个月有几万块钱的收益，还一直强调这个项目很安全。看曾阿姨有点心动了，这个朋友就介绍了一位姓广的项目经理，这位项目经理广某在给曾阿姨介绍时说："参加这个项目，坐在家里一个月就能拿几万块钱。"听到每个月有几万元的收益，曾阿姨决定参加这个项目。

之后经理广某又介绍了一个所谓的中间人龙某，并跟曾阿姨说："办理以房养老手续需要先将自己名下的房子进行抵押，再从金主那里借钱。"而这个龙某就是给他们介绍金主的中间人。从金主那里借款成功后，再把这笔钱交由项目经理进行投资，每月给曾阿姨返还投资收益，同时，由借款产生的利息也由项目经理支付给金主。

曾阿姨随后跟着龙某去办理了房屋抵押的所有手续，最后还到公证处进行了公证。很快，龙某又带着曾阿姨到金主那里借款 190 万元。曾阿姨拿到钱后将其全部交给了项目经理广某。广某在自己的身份证复印件上给曾阿姨写了借条：广某借曾某某 190 万元，用款 3 个月。

事后前两个月，曾阿姨确实收到了广某打来的利息 6.5 万元。但两个月之后就再没收到钱了，问广某要，但广某总说没钱。之后的某一天，曾阿姨正在外面办事，女儿打来电话说他们家的东西被一群人搬到楼下扔到马路边了，曾阿姨立刻报了警。面对警察，对方却拿出了一样让曾阿姨哑口无言的东西——房产证，上面写着刘某的名字。看着房产证上陌生的名字，曾阿姨彻底懵了。

随后，曾阿姨到不动产登记中心进行查询，查出房子被中间人龙某卖掉了。龙某之所以能卖掉曾阿姨的房子，是因为手里有一份经过公证处公证的委托书，上面写着：因曾阿姨不能亲自办理，故将房子买卖交易的合同签订、网签、过户以及代收房款等一切事宜都委托给龙某办理。更让曾阿姨震惊的是，当时自己签的文件中竟然还有《借款合同强制执行公证书》和《委托龙某卖房的公证书》，这样看来，龙某卖房的行为本身并不是违法的，因为无论是房产证还是公证文书都是具有法律效力的。曾阿姨不仅没拿到钱，还把养老用的房子也搭进去了。

她姐说：

类似这种"以房养老"的案件错综复杂，关系盘根错节，仅凭老人自己的认知能力很难辨识真伪，所以不仅老人自己要提高防范意识，子女也要多跟父母交流，多关注一些社会新闻，熟识这些针对老年人的骗局，并提醒父母多加警惕，凡是遇到签字、交钱、提供相关证件材料的事情要多加留意。如果对以房养老有意向的，请直接去银行柜台咨询，不要轻信其他渠道的宣传和广告。

◆第二节　荐股群里几十人，只有自己在赔钱

都说"股市有风险，投资需谨慎"，但仍然有不少股民为了能获得一些所谓的"内幕消息"，加入了荐股群，结果可想而知，不仅没赚到钱，有的人还被骗得倾家荡产。

我们来看一位受害者的经历：有一天，退休在家的王先生通过微信群结识了一位网友，得知王先生在炒股后，就将他拉进了一个股票交流的微信群，这个群里一共有 30 人。每天在开盘竞价的时候，都会有一个"老师"推荐股票，在尾盘的时候，还有一个"老师"会复盘当天的行情走势。

在众多"老师"中，A 某的人气最高，这个人不仅分析股票头头是道，还会时不时地晒出自己盈利数百万元的账户截图，并鼓吹自己和庄家有合作，能得到可靠的内幕消息。而群里其他的股友也陆续截图说自己跟着 A 某买卖股票赚钱了，还有各种"感谢"之类的话。王先生信了，于是他先交了 1000 多元的会员费，开始在 A 某的指导下进行股票交易，一开始买的几只股票确实赚到了钱，这时，A 某向群里的学员们推荐了一个港股指数投资平台，说炒恒生指数是双向赚钱，只要方向判断对了，盈利上不封顶。

一开始王先生投了 50 万元，没想到仅一天时间就赔得所剩无几，但因为相信 A 某的专业水平，而且对方也一直和王先生说这是正常的回调，让他继续持有甚至可以追加投资，于是王先生又追加了两笔钱，一共 144 万元。这笔钱投进去之后 5 个交易日，基本就没了。短短几天就造成巨额损失，王先生开始怀疑这个平台有问题，于是他来到银行查看转出资金的账单，结果令他大吃一惊。账单上显示的是收款方某某科技公司，而且显示的列支项是消费。可自己的钱都用来投资了，并没有购物消费。王先生意识到自己被骗了，于是报了警。

根据的调查结果，骗子以投资公司为依托进行诈骗活动，所谓的"投资平台"只是一个幌子，虽然网站上有账户和港股指数信息，实际上受害者投入账号的钱都进了骗子个人的腰包。而且王先生加入的那个所谓 30 人的微信群，其实里面 29 个账号都是假的，实际上这 29 个账号是由 4 个工作人员控制的，他们从

网上收集一些金融专业人士的发言，复制下来，之后让假扮"专家"的账号在群内传播，冒充内幕消息，其他账号则扮演着不同角色，来负责给"专家"捧场。

通过这个例子，想要提醒大家的是：

（1）不要轻信一些所谓的内幕消息、大师指点和未经证实的权威发布，背后往往都隐藏各种各样的利益或骗局。而且这些所谓的内幕消息基本上都是道听途说的二手、三手消息，越传越离谱。记住，凡是我们听到的消息，早就不是什么秘密了。

（2）切勿盲目加入未经核实的投资理财群，这有可能是提前设好的局，就等你落入圈套呢。

她姐说：

从投资性质来看，炒股的风险和收益都是很高的。即便是自己投资股票，也要做好相关研究和风险管理，一些所谓的荐股群是不可能让你稳赚不赔的。因此投资者要保持戒心，不要被暂时的高收益所迷惑，切勿相信只赚不赔的操作，避免落入网络投资理财诈骗陷阱。

◆第三节　邮票、纪念币投资半年

升值 25%？小心被套路

邮票和纪念币不仅具备收藏价值，一定程度上还具备投资品的属性。但也正因经济利益的驱动，在邮票和纪念币的买卖交易中出现了花样繁多、层出不穷的骗局和陷阱，让不少投资者成了受害者。

下面，我们来看两个真实案例：

案例一：数百名老人重金购买邮票投资被骗几百万元。

2018 年，胡女士接到一通电话，对方自称是武汉某家公司的工作人员，说他们公司可以提供邮票投资服务，回报率非常高，半年内可升值 25%。在工作人员的游说之下，之前从没有收藏过邮票的胡女士，前后花了 11 万元购买了这家公司推荐的几十套邮票。按工作人员的承诺，到 2019 年 6 月就可以看到收益，届时公司会高价回收胡女士手上的邮票。起初工作人员还联系得上，可到了2019年5月，工作人员的电话突然就打不通了。胡女士有些着急，于是就来到这家公司的办公地点想一探究竟，结果发现已经人去楼空，变成另外一家公司了。更让胡女士吃惊的是，和她有着同样遭遇的还有上百人，而且以中老年人居多，少则投资了几万元，多则投资了20多万元。有些老人说，这些钱不但是他们一辈子的积蓄，更是他们后半生的保障，现在被骗了让他们很是无助。

受害者花重金买的这些邮票到底是不是真的？是否有升值空间？其实，受害者所购买的一些主题邮票本身是真的，但实际价值并不高，基本上和邮票面值一致，大多是1.2元一张，一版邮票也就值几十块钱。显然，这家公司明显就是利用人们不懂收藏却热衷投资理财、希望赚快钱的心理不断骗人。

案例二：免费领生肖纪念币，结果反倒赔了5000元。

这是发生在她姐朋友身上的真实遭遇。2017年，朋友在一家搞收藏的公司那里免费领了一个生肖纪念币，之后业务员又推荐了一套纪念币，说题材很好，有很高的收藏和投资价值，半年的回报率能超过10%，一年后的回报率为30%~50%。为了让这位朋友放心，对方还承诺他们公司可以负责拍卖，收益的10%归公司，剩下的全归投资者自己，只需要收藏一年左右出手就行。最终，朋友没禁住诱惑，花5000元买了三套。可如今都过去好几年了，纪念币还在手里，可对方却音信全无了。

以上这两个被骗的案例虽然一个是邮票，另一个是纪念币，但行骗的方式却是相似的，都是口头承诺未来高收益，同时还负责高价回购或拍卖，让投资者以为是稳赚的投资，从而达到骗取钱款的目的。

其实无论是邮票还是纪念币，想要通过它们去投资赚钱，对于平时很少接触和了解的人来说，可能比登天还难。特别是对于邮票来说，因为邮票比钱币的防伪性更差，价值也不好判断，外行人很难对邮票的真伪做出鉴定，而那些所谓的鉴定"专家"很多都是骗子冒充的；并且报价也大多虚高，实际成交的很少，也就是所谓的有价无市。

她姐建议大家，如果真的喜欢这些邮票和纪念币，可以当作一种爱好，买来好好收藏就可以了，千万不要图能赚钱。而且以后各类纪念币会越来越多，不要太高估它的价值跟风追捧。

如果真的想要投资纪念币和邮票，一定要把握两点：

一看题材。题材很重要，普通题材或者那些被广泛应用的题材，因为不具独特性也不具延续性，未来升值的空间很有限，最好选择那些有着特殊纪念意义的邮票或纪念钞。

二看发行量，这是决定其未来升值空间的重要指标。因为物以稀为贵，如果发行量过大，升值空间就会被发行量压缩。

◆ 第四节　艺术品收藏陷阱，有人损失近20万元

随着经济发展，艺术品收藏拍卖市场也红火了起来，一些收藏品在很短的时间内就能升值数倍，这也刺激了民间"收藏热"的兴起。比如，电视购物中出现了很多文人字画、珠宝玉器等投资商品，古玩市场里更是人头攒动，甚至各类艺术品收藏广告也频繁见诸报端，而这中间体现了不少人"一夜暴富"的心态。可是，现实中的收藏市场却是乱象纷纭，不仅在商品销售环节稍不注意就买到赝品，在鉴定环节中骗局更是层出不穷。

来看这样几个案例：

案例一：老父亲被骗近20万元买"藏品"。

陈先生的父亲陈老因病离世，陈先生在整理父亲遗物时发现，两个衣柜里摆满了大大小小的盒子，全是包装精美的收藏品。这些收藏品不仅件数多，品类也多，不仅有字画、邮票，还有精美的花瓶、成对的玉玺，甚至还有清明上河图、越王勾践剑。尽管这是父亲留下的遗物，但是陈先生却觉得愤怒，因为这些所谓的收藏品根本不值钱。

陈先生说，父亲的这些藏品仅是能在淘宝上查到的同款物品，价格就有近3倍的差距。而在父亲的手机里，陈先生还发现了一个备注为"某收藏公司饶经理"的联系人，这个饶经理和陈先生的父亲互动十分频繁，每天会发很多信息给老人，甚至在深夜11点多还向陈老推销越王勾践剑的收藏品，并强调说藏品来自某省博物馆，而且还承诺以后如果需要用钱时，他们还能提供回购服务，感兴趣的话可以先交定金，交1000元、2000元、3000元都可以，就能抢到购买名额。另据陈先生回忆，在父亲去世前半年，他曾接到银行电话，说父亲的信用卡

逾期了，让他帮忙还款。因为陈先生在外地工作，父亲也没有告诉他欠款的真实原因，直到现在陈先生才发现，父亲办信用卡和这家收藏公司有关。而这批收藏品的票据，落款都是某文化传播有限公司，总价近20万元。

从陈先生的父亲投资所谓收藏品的遭遇来看，这类骗子往往是利用老人不懂收藏但又喜好收藏，希望藏品升值之后还能变现的心理，夸大藏品价值，还会将一些所谓藏品以实际价格数倍乃至数十倍的售价卖给老人，一旦老人加大投资，那就血本无归了。

当然，我们之所以说当前艺术品收藏市场乱象丛生，不仅是在销售环节制假贩假、以次充好，在艺术品拍卖市场，也同样有很多坑。

案例二：80多岁老人被假拍卖行坑十几万元。

一位从事艺术品拍卖的专业人士曾接待过一位80多岁的老人，这位老人拿出一枚光绪年间的钱币，想问他这枚钱币到底值多少钱、能不能上拍。此前，这位老人已经向另一家拍卖行交了十几万元的费用。费用之所以这么高，是因为老人去找上一家拍卖行鉴定这枚钱币时，拍卖行告诉他这物件是国宝级别的，价值300万元，接着，拍卖行强调近期会举行拍卖会，老人的这枚钱币可以参拍。于是在连番忽悠下老人交了十几万元费用。

据事后调查，在老人交的十几万元费用里，有一部分费用在正规的拍卖行是不用交的，如租场地的费用、出图录的费用、请拍卖师的费用等，这些都是拍卖行的成本费用，不需要藏品持有者支付。显然，这位老人是被不正规的拍卖行骗了。

这些不规范的拍卖行忽悠人的方法其实都差不多：先给藏品持有者估一个很高的价格，让人觉得靠这件藏品就能发家致富。之后就哄骗持有者去参拍，往往还会承诺只要在他们那里拍卖，保证会拍出远高于市场价的成交价。参拍前还要到指定的鉴定机构进行鉴定，而这些鉴定机构一般都与拍卖公司有利益关系，鉴定结果自然都是真的了，接踵而至的就是鉴定费、托管费、拍卖费等各项费用。一圈下来，藏品没卖掉，费用倒是交了一大堆。

如果投资者手里真的有货真价实的艺术品想要拍卖变现，该如何识别不靠谱的拍卖公司呢？

第一，我们要看看拍卖行有没有拍卖资质和文物拍卖资质。

第二，小心那些估价很高的拍卖公司，很可能是个陷阱，让你以为真的能卖出个好价钱而放松警惕，从而让你支付各种费用。

第三，要对那些说帮你找好买家的拍卖行保持谨慎的态度，买家不是那么好找的。

第四，让你在拍卖公司指定的鉴定机构做鉴定、做产品归属权认证（证书、物理检测、文物及备案等）也要小心，因为即使鉴定有鉴定结果，买家也不会认可的，而且从法律角度来看，拍卖公司指定的鉴定机构并不具有法律效力。

第五，让你去中国香港、澳门甚至国外拍卖的更要小心，因为真正好的藏品是不能离境的。

收藏品不同于一般的金融投资品，不是有钱就能买来真东西、好东西的。如果我们不懂得如何辨别，很难保证不被骗。

她姐说：

另外，我们一定要正视艺术品和投资品之间的关系，明确自己收藏是为了什么，单纯是个人喜好兴趣，还是为了投资获利？艺术品收藏的水很深，在没有形成统一的鉴定流程和交易制度之前，大家还是要谨慎为之。

◆ 第五节　买了原始股回报将增值 100 倍？

原始股骗局需警惕

随着市场利率下行，许多理财产品的收益在降低，不少投资者在想方设法寻找合适的投资渠道；而一些非法机构推出了听起来非常诱人的所谓"原始股投资"。

原始股投资到底靠不靠谱？可以这么说，只要一听到包含"原始股"这三个字的投资产品，大概率都是骗人的。

案例：原始股骗局。

一位记者在街上收到了一份自称是"某科技发展有限公司"的购股说明书。业务员告诉记者，这是一个非常好的投资项目，收益也会很高。在宣传资料上还写着，自合同签订之日起满 30 日可以到某交易平台进行交易买卖，每月可以出售购股总额的 20%，30 天或者 60 天后投资人都可以在平台转让股份，年化收益率可达 80%。业务员还建议记者可以参加公司在郊区安排的免费观光旅游，来听听对公司原始股投资的介绍。

随即，记者来到指定地点后，工作人员就开始介绍这家公司的具体情况，称这是一家科技公司，有60多名研发人员，开发了多款高科技环保产品，未来发展前景非常好。公司已经于2015年10月在某股权交易中心挂牌，现在要进行招股募集资金。工作人员同时表示，公司还有一系列的战略规划，如果现在投资，可以让投资者的资产翻3~5倍。公司董事长还说公司要冲创业板市场上市，到时候投资回报将达到100倍。随着公司员工和董事长接二连三的鼓动，现场许多大爷大妈已经按捺不住要购买原始股了。为了进一步提高大家认购原始股的积极性，现场还采用了砸金蛋的办法，凡是当场认购的投资者都可以获得礼品和砸金蛋的机会。

这家科技公司真的如宣传的那样好吗？后来这位记者与现场发放的材料中提到的两家合作公司进行了联系。其中一家公司表示，他们与这家公司并没有合作关系。而另一家公司则表示，他们与这家公司没有过合作研发，这家公司只是他们产品的经销商。看来，这并不是一家高科技公司，一切标签都是他们自己包装、夸大宣传出来的。既然公司本身是夸大其词的，那么投资者如果真买了他家的"原始股"，又如何赚钱？

类似这种打着原始股旗号的骗局，为了吸引投资者参与，通常会自建交易平台，让投资者在这个平台上"击鼓传花"，盈利套现。严格来说，这也是庞氏骗局的一种，即通过许诺给投资者高回报的方式，引诱投资者买入所谓的"原始股"，再通过后来进入的投资者用更高的价格去接盘，层层递进，从而帮助之前的投资者实现所谓的盈利。在实际投资市场中，通过编造企业上市等"前景"来诱骗不明真相的投资者来认购原始股的情况屡见不鲜。

在此，我们罗列原始股骗局的四个惯用伎俩，提醒大家不要上当：

（1）利用科创板、创业板、纳斯达克等概念炒作，编造公司即将到上海、深圳或境外交易所上市的噱头，诱导不明真相的个人购买所谓原始股。

（2）在介绍产品时，会承诺高收益、高比例分红。

（3）谎称发行股票已获政府部门批准，甚至伪造有关文件。

（4）假借以大股东转让股份的名义，向社会不特定对象公开募集资金或高价转让股票。

其实，只要我们了解了原始股是什么，基本上就能看穿这类骗局。原始股是指在公司申请上市之前发行的股票。通常，原始股只属于公司的创始团队和公司高管，外人想要拥有原始股只能通过企业增发等方式获得，而这种增发是私募性质的，一般只面对少量的与公司有特殊关系的人群（不超过 10 个人），如参与战略投资的机构投资者。所以，那些通过电话、网络、发传单等方式公开销售的所谓原始股，本身就违反了《证券法》中不得变相公开发行股票的规定。因此大家还是要保持清醒的头脑，别被那些所谓的暴利给骗了。

前面，我们了解到了关于养老、炒股、邮票、纪念币、原始股等日常投资理财时可能遇到的投资陷阱和骗局。下面，我们再来总结一下这些不靠谱投资的共性，以及我们该如何识别投资骗局。

我们先来总结一下这些投资骗局的共性。

第一，承诺保本保收益。承诺保本保收益本身已经违反了我国现有的监管规定，甚至《刑法》中也明确表明，一旦涵盖固定回报承诺的融资活动被定性为非法吸收公众存款罪，固定回报承诺将被列为刑事犯罪的重要证据。

第二，收益率远超市场平均水平。这些投资骗局往往会给出远超市场平均水平的收益率，如通常都会称收益率达 10%～20%，甚至更高。但事实上，在当前各类资产市场回报率较低的情况下，承诺超过 10% 收益的短期产品已经是风险大于赚钱机会了。

第三，底层资产不清晰。决定投资成功与否的因素有很多，其中最重要的是投资产品的底层资产质量。底层资产，简单说就是投资资金的最终流向。它的重要性就如同一座高楼的地基，只有地基够牢固，高楼才能一直稳稳矗立，地基不牢，则随时都会崩塌。而这些投资骗局，往往就是因为没有清晰的底层资产，才无法经受市场的考验。

第四，对平台和产品进行虚假宣传。为了骗取投资者的信任，这些骗子通常会对平台的资质、背景、历史业绩等方面进行全方位的"包装"，如请明星站台、发放宣传单、假借正规平台名义、大力投放广告等，使虚假的平台和产品看起来正规、值得信赖，从而吸引投资者参与。

第五，只是初期给出较高回报。其实不少投资骗局的背后还是庞氏骗局的套路。为了让资金滚动起来，初期一定会让投资者获利，使投资者信以为真，以便之后更好地拉更多的新人进来，不断注入资金，等进来的人越来越多时，骗子就选择卷款跑路。

了解了这些不靠谱投资的共性后，我们又该如何识别这些骗局？前面我们提到了在投资领域中有一个真理：高收益性、高安全性、高流动性，这三者是不可能同时兼得的，也称之为投资中的"不可能三角"。比如银行存款，具有高安全性和高流动性两个特性，但是不具有高收益这个特性。再比如股票投资，具有高收益和高流动性两个特性，但不具有高安全性的特性。知道了"不可能三角"这个投资规律后，我们就可以用其识别投资骗局，避免上当受骗了。

如果你已经不幸遇到了投资骗局，该如何自救？首先要冷静，记录好自己损失的金额，尽量把交易时留有的信息保留下来。同时，试图联系其他受害者，大家可以建个群随时互相沟通，并尽可能地与平台管理者取得联系。如果无法与平台管理者取得联系，就马上集合更多受害者报警。报警后，尽量配合警方的调查，同时尽可能地提供自己保留的证据和线索，以帮助警方尽快破案，同时找律师，准备进行诉讼等流程。

投资有风险，投资者应该在正规的投资渠道和平台进行投资，千万不要被高收益所诱惑。

第九章
买房有学问：
省出一间大厨房

◆ **第一节 买套适合自己的房子，该考虑哪些因素？**

本节内容主要从以下两个方面剖析如何合理地买房：一是买房时哪些方面是必须考虑到的；二是现在买房是不是好时机。

一、买房需要考虑的三大要素

首先，明确购房需求，是刚需自住还是作为资产配置工具，或是希望两者兼顾，抑或是在兼顾的同时还有所侧重？每个人想法不同，需求不同，适合的房源也不同。对于大部分人而言，更希望自住和资产配置两者兼顾。此时就需要你在自己的购买力、自住需求和保值升值空间中做一个权衡。自住则以方便、符合自身的需求为主；资产配置则以保值升值为导向，不一定符合自身喜好和需求。但不管出于何种目的，买房都要量力而行。

其次，需要确定什么时候买。买房的时机很重要，一套房的价格区间高点和低点能相差上百万元。但踩准时点非常难，没人能完美预测到确切房价的高低点。一般来说，如果手上有钱，只要不是在极端市场情况，如暴涨末端或是暴跌伊始，能买就可以买了。关于时机问题，后面会展开说。考虑好什么时候买还有一个实操意义，就是什么时候看房，一般来说，建议提前半年看房。另外，对于置换旧房去买新房的人来说，什么时候卖旧房，也是个学问。最好的处理方法是，先把旧房卖了拿到钱，再去谈新房。手里有钱，议价能力会高出很多。

最后，也是最重要的一点，就是确定买房侧重点。市场这么大，各种类型的房子也很多，如果没有侧重点，容易买不到适合自己的房子。所以选房时要了解自身需求，是为了在异地安家，还是为了结婚用，或是有了二胎要改善住房条件，不同需求下买房的侧重点都不同。因为没有完美的房子，面积大，朝向不一定好；面积、朝向都合适，地段不一定好，交通可能不方便；面积大、朝向好、地段棒、交通方便，那价格就可能会不便宜。买房时一定要一切从需求出发，不要本末倒置。

她姐说：

大家可以在买房前列一个需求清单，由重要到次要制定出几个参考指标。比如，户型和面积，两居、三居还是四居，对单个房间面积有没有要求；再比如，地段，整个地段的成熟程度和升值潜力，离公司的距离，公共交通和生活购物的便利程度；又比如，居住环境，区域内居住的人群以哪种为主，老人居多还是年轻人居多，孩子的上学问题能否解决等。

二、现在是不是买房的好时机

房子只是资产配置的工具，房价的走势肯定会影响资产配置的方向，比如，是租房还是买房，钱是放银行还是买房子。而预测房价的走势似乎是个永恒的话题，下面我们就给大家分析一下房价趋势到底该如何预判。

这里我们套用那个经典逻辑：房价长期看人口、中期看土地、短期看金融。

首先，"长期看人口"是指判断一个地方未来房价趋势，首先要判断未来这个地方的人口是流入的还是流出的。人口流入，则涨；人口流出，肯定涨不动。例如，鹤岗就属于典型的人口流出城市，房价肯定会比较低。2011 年鹤岗总人口为 108.8 万人，到 2020 年底，鹤岗总人口不到 100 万人，本身人口基数低，还持续下降，房价肯定会比较低。

其次，"中期看土地"是指如果一个地方的人口是持续流入的，并且政府供地较少，这个地方房价长期来看会上涨。

最后，"短期看金融"是指如果一个地方人口是流入的，政府供地较少，并且叠加短期的货币刺激政策，那么该地房价上涨趋势较大。

三、总结一下买房的几大要点

第一，明确自己的需求，再确定区域和房子附加功能，是刚需还是资产配置，还是两者兼顾。刚需里又分首套自住和改善性需求；资产配置的目的很明确，就是能不能保值升值。对于刚需，应当在明确自己需求的基础上，为了自己通勤交通方便等，选择适合环境的区域和对应功能的房产；对于资产配置，需要根据自身的情况综合考虑、合理布局。

第二，大概判断一下当前市场。除了从宏观层面的人口、土地和金融三大方面分析外，还有一个简单易行的小技巧来判断现在是买方市场还是卖方市场，那就是看房屋中介的日常动态。如果你基本每天都能接到一两个中介电话，特别热情地问你要不要看房，那么现在房地产市场大概率是比较冷清的。还有，如果小区楼下的房屋中介网点里的员工比较多，证明现在比较冷清，没什么带看需求。反之，如果你出门或者回家上下电梯时总能碰见看房的小队伍，证明有行情了，大家买卖意愿也上涨了。当然，这属于非官方的草根调研方法，仅为大家提供一些参考信息，至于市场冷暖和到底该不该现在买，还要从自身需求和房源是否匹配出发。

◆第二节　巧用住房公积金，省出一间大厨房

每个"上班族"对住房公积金应该都很熟悉。不过，可能大部分人只知道每月工资里会按比例扣一笔钱放在住房公积金账户里，至于其他的就知之甚少了。下面，我们就来说一说又好又省的公积金买房技巧。

一、住房公积金是怎么缴存的

住房公积金由两部分组成，一部分由所在单位缴存，另一部分由个人缴存。个人缴存部分由单位代扣后，连同单位缴存部分一并缴存到住房公积金个人账户

内。那么，为什么每个人的住房公积金金额不一样？这就得说到两个概念了：缴存比例和缴存基数。

缴存比例，就是应缴住房公积金的系数，比如，月平均工资是 1 万元，个人缴存比例是 5%，那么应缴住房公积金的数额就是 500 元。目前普遍的公积金缴存比例是 5%~12%，但是每个单位只能选择其中一个比例。比如，北京的普遍缴存比例是 12%，如果单位缴存有困难，可以向普通公积金管理中心申请降低缴存比例，但是原则上不低于 5%。

缴存基数，则是指按这个数字计算应该缴纳多少住房公积金，一般是上一年的平均工资水平。如果工资出现变动，住房公积金不会马上调整，要等来年 7 月才会进行相应地变动。

二、能不能不交住房公积金，多发工资

不交住房公积金是不可以的，并且这样做也非常不划算。这就要说到缴纳住房公积金的三大好处了：

第一，公积金可以抵税。公积金和社保一样，都是税前扣除项目，交了住房公积金，个人所得税被扣的就少了；相反，如果不交住房公积金，每个月发到手的钱会多一些，但是交的个人所得税也多。

第二，公司可以给你补一倍。你自己交多少，公司同样给你补多少，相当于硬性的存款。

第三，有了住房公积金账户，可以享受到很多实惠。有了住房公积金账户，可以用住房公积金贷款买房、还房贷、租房提取等。

三、住房公积金最大的用途：贷款买房

公积金贷款的优势主要体现在以下三个方面：

（一）贷款利率低

有了住房公积金账户，最大的好处就是可以低利率贷款买房。从 2015 年 10 月 24 日起，5 年以上公积金贷款利率为 3.25%，而商贷利率的基准利率为 4.90%。尽管自 2019 年 10 月 8 日起，首套住房贷款利率不得低于相应期限贷款市场报价利率（LPR），二套住房以及商业用房贷款利率不得低于相应期限 LPR 加 60 个基点。但是截至 2021 年 11 月，最新 LPR 报价为 1 年期利率 3.85%，5

年期利率 4.65%，其中 5 年期利率就是房贷的参考利率。

我们用以上基准利率举例：100 万元公积金贷款 30 年，采用等额本息方式还款每月均还 4352 元，共支付利息约 56.7 万元；100 万元商业贷款 30 年，采用等额本息方式还款每月均还 5307 元，共支付利息约 91.1 万元。公积金贷款每月少还约 955 元，总共少还利息约 34.4 万元（见表 9-1）。

表 9-1　住房公积金和商业贷款还款比较

贷款	住房公积金	商业贷款
贷款额度（万元）	贷款额度（万元）	贷款额度（万元）
利率（%）	3.25	4.90
每月还款（元）	4352	5307
总利息支出（万元）	56.7	91.1
公积金贷款：每月少还约 955 元，总共少还 34.4 万元		

（二）贷款条件较低

某些城市的政策是，连续足额缴存住房公积金 12 个月（含）以上，即可申请住房公积金个人住房贷款。并且，异地缴存住房公积金也能用于贷款买房。国家政策上已经要求各地要实现住房公积金缴存异地互认和转移。比如，持就业地住房公积金管理中心出具的缴存证明，就可以向户籍所在地住房公积金管理中心申请公积金贷款。

（三）贷款额度较高

住房公积金的贷款额度算是比较高的，不过它也是有上限的，因为公积金贷款和商业贷款不一样，具有福利性质。当然，每个城市和地区的规定不一样，并且个人买房和夫妻共同买房的额度也会有所差异，建议大家在买房前查询一下当地政策。如果公积金额度不足以覆盖整体贷款金额，还可以申请组合贷款，也就是公积金贷款+商业贷款的方式来买房。

另外，夫妻共同买房申请公积金贷款也有诀窍。由于目前公积金贷款政策中，公积金贷款的年限是依据房龄和主贷人的年龄来决定的。所以，如果夫妻年龄差距较大，则让年轻一方做主贷人，说不定可以拉长公积金贷款期限。

她姐说：

住房公积金是一项非常大的福利政策，一定要交住房公积金，而且尽可能把缴费比例提高一些，也就是多交一些。如果允许，买房时尽量先用公积金贷款买房，并且要尽量选择最长期限。

◆ 第三节　房贷怎么还，更省钱？

下面，我们来说说房贷里的门道，贷款买房为什么比全款买房值，以及怎么还款更省钱。

一、贷款买房要付利息，为什么还比全款买房要值

从绝对金额上看，全款买房没有利息，而长期商业贷款的本息总额比全款多出近一倍（见表9-1）。但把时间价值等因素考虑进来后，贷款远比全款划算，主要原因有以下两个方面：

第一，房贷是普通人能借到的金额最大、利息最低、时间最长的贷款。目前全国首套房商业贷款利率普遍在4.9%左右，5年以上公积金贷款利率是3.25%，这个利率水平和全市场其他贷款的实际年化利率横向比较，可以说是最低的了。并且，其他贷款很难像房贷这么高的额度和二三十年这么长的还款年限。所以，大家一定要充分利用好房贷这个杠杆，在还款能力范围内，尽可能多贷，使资金效率最大化。

第二，就是通货膨胀。简单来说，通货膨胀就是钞票在贬值。而房贷的还款金额是确定的，随着钱越来越不值钱，相当于越靠后的还款越划算。再加上大家的收入也是逐渐增加的，还款压力也相应地越来越小。另外，贷款买房时，建议按照最低要求来付首付款，并且尽量用到公积金贷款。如果房贷总额多，还可以使用公积金和商业贷款混合贷，能省一分是一分。

二、该选等额本息还是等额本金

先来说说两种还款方式的区别：等额本息方式下，本金逐月递增，利息逐月递减，每月还款金额是固定的；而在等额本金方式下，本金保持相同，利息逐月递减，每月还款金额是递减的。

在贷款总额和期限相同的情况下，等额本息还款的利息金额要比等额本金来得多。举个例子，小明买房贷款 100 万元，贷款利率 4.9%，分 20 年还清。如果选择等额本息还款，小明的月供是 6544.44 元，利息总额约 57.07 万元；如果选择等额本金还款，首月月供是 8250 元，往后每月减少 17 元，最后一期，也就是第 240 个月的月供是 4183.68 元，利息总额约 49.20 万元，与等额本息还款相比利息少了近 8 万元。

那么，应该选择哪种还款方式？因人而异。如果前期资金并不算太紧张，可以选择等额本金方式，降低全部的利息支出。如果前期花费较多，资金紧张，则可以选择等额本息方式，这样虽然前期利息支出多，但是资金压力较小。比较在意资金机会成本的人，也可以选择等额本息的还款方式，前期相对较少的月供可以保留更多现金流，以便投入其他收益率更高的理财项目中。

◆ 第四节　有没有一个时间点，提前还贷更划算？

她姐不推荐大家提前还贷，因为横向和全市场的贷款利率相比，房贷利率算是非常低了。不过，如果一定要提前还贷的话，什么时间最合适呢？可能有人听说过这么一种说法：在等额本息还款的前半段，或者等额本金还款的前 1/3 期间，提前还贷是很划算的。下面我们就来说一说，到底有没有那么一个时间节点，是提前还贷最划算的时候？

她姐说：

无论是公积金贷款还是商业贷款，还款的方式是等额本金还是等额本息，并不存在房贷"提前还款最佳时间点"，这是一个伪命题。

一、每月还贷金额里，有多少是贷款利息

举个例子，公积金贷款 100 万元，贷款年利率 3.25%，30 年（360 月）还清，相当于每月贷款利率为 $3.25\% \div 12 \approx 0.270833\%$。

如果使用等额本息法还款，每期偿还的本息金额相同。第一个月还的利息为 $1000000 \times 0.270833\% = 2708.33$ 元；第二个月还的利息会减少，因为第一个月已经还了一部分本金了，所以第二个月还的利息就是剩余本金乘以月贷款利率，为（1000000−1643.73）×0.270833%＝2703.88元（见表9-2）。

表9-2　等额本息还款

第N个月	每月还款	包含利息	包含本金	剩余本金
1	4352.06元	2708.33元	1643.73元	998356.27元
2	4352.06元	2703.88元	1643.73元	996708.09元
3	4352.06元	2699.42元	1643.73元	995055.44元
4	4352.06元	2694.94元	1643.73元	993398.32元
5	4352.06元	2690.45元	1643.73元	991736.71元
6	4352.06元	2685.95元	1643.73元	990070.60元
7	4352.06元	2681.44元	1643.73元	988399.98元
8	4352.06元	2676.92元	1643.73元	986724.83元
9	4352.06元	2672.38元	1643.73元	985045.15元
10	4352.06元	2667.83元	1643.73元	983360.92元
30年就这样过去了……				

以此类推，每个月要还多少利息都可以算出来。如果自己懒得算，直接用房贷计算器就可以算出每个月要还的利息是多少钱。

如果使用等额本金还款，利息的算法和等额本息一样，只不过等额本金法是每期偿还的本金相同，利息随时间递减。第一个月还的利息同样是2708.33元，因为初始本金一样，都是100万元；第二个月还的利息为（1000000−2777.78）×0.270833%＝2700.81元。以此类推，每个月要还多少利息都可以算出来（见表9-3）。

表9-3　等额本金还款

第N个月	每月还款	包含利息	包含本金	剩余本金
1	5486.11元	2708.33元	2777.78元	997222.22元
2	5478.59元	2700.81元	2777.78元	994444.44元
3	5471.07元	2693.29元	2777.78元	991666.67元

续表

第 N 个月	每月还款	包含利息	包含本金	剩余本金
4	5463.54 元	2685.76 元	2777.78 元	988888.89 元
5	5456.02 元	2678.24 元	2777.78 元	986111.11 元
6	5448.50 元	2670.72 元	2777.78 元	983333.33 元
7	5440.97 元	2663.19 元	2777.78 元	980555.56 元
8	5433.45 元	2655.67 元	2777.78 元	97777.78 元
9	5425.93 元	2648.15 元	2777.78 元	975000.00 元
10	5418.41 元	2640.63 元	2777.78 元	972222.22 元

30 年就这样过去了……

从上面这些数字就可以了解到每个月已经还了多少本息，还剩下多少本息，都是按固定的房贷年化利率算出来的。由此可知，提钱还款并不存在某个时间点"更值"。

二、提前还贷的金额如何算

其实，上述关于利息的计算已经说明了利息比例没有变化。不过为了让大家更直观体会，她姐决定换种方法再给大家算一遍。为方便计算，以等额本息法为例，因为这种情况下每期所还的本息是相同的。

假设小明在 2015 年 11 月开始还第一期贷款，预计 2030 年 11 月能够提前还清所有剩余贷款，那么到 2030 年 11 月，他需要还款的金额如图 9-1 所示。

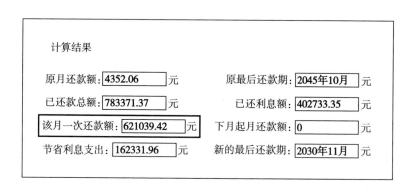

图 9-1　提前还款模拟计算

也就是说，2030年11月（第181期）一次性还清总额为621039.42元。这个数是怎么算出来的呢？其实还是用上期（第180期）剩余本金乘以0.270833%的月利率得出当期利息，再加上剩余本金即可，即 619361.98 ×（1 + 0.270833%）= 621039.42元。所以，无论什么时候提前还贷，算法都是不变的，也不存在提前还款的"最佳时点"（见图9-2）。

期次	偿还本息（元）	偿还利息（元）	偿还本金（元）	剩余本金（元）
180	4352.06	1684.66	2667.4	619361.98

图9-2　模拟计算剩余本金

另外，单从金额计算来看，提前还贷的确能省去不少利息。不过，这是另外一个话题，此处我们暂不讨论。

她姐说：

房贷利率在全市场范围看算是非常低的了，5年以上公积金贷款年利率仅为3.25%，商贷的基准年利率基本约为4.9%。如果你会理财，完全可以拿着闲钱去合理投资，比如，基金定投或者其他稳健收益的理财产品，所得收益大概率是可以覆盖房贷利息的。

当然，提前还款并不是不能选，如果属于以下几种情况，是可以选择提前还款的：

（1）超级保守的人群。对于不会理财的超级保守的人群来说，他们不愿也不想做任何投资，风险偏好极低。如此一来，闲钱在他们手里也没法发挥赚钱效应，不如早点还贷省些利息。

（2）恐惧欠债的人群。这类人本身对欠债这种行为就有抵触心理，总觉得欠钱很有负担，既然如此，有钱就赶紧还清贷款吧。

（3）需要换房的人群。这种情况就必须得提前还款了。按规定，以房换房需要先把没有还清的房贷还完，办理完抵押之后，才能出售旧房和买新房。

最后再来总结一下，每期偿还的利息都是剩余本金乘以月贷款利率，只要利率不变，就不存在提前还贷最划算的时间点。另外，如果没有特殊情况，不建议大家提前还贷。

◆ 第五节　二套房，那些不能不说的秘密

曾经有财蜜问："我在婚前自己名下有一套住房，而且房产证上也只有我一个人的名字，现在结婚了，再买房是不是就算第二套房了呢？贷款利率会不会上调或者被征收更高的税费呢？"

这也是为什么很多人在买房，特别是买二手房的时候，除了关注位置、交通、价格外，还会关注这套房是否满五唯一，如果不唯一，说明房主名下还有其他房产，那么在税费上就会多出来 1.5% 的契税和差额 20% 的个人所得税，尤其是在热门的一二线城市，这可能一下就多出大几十万元甚至百万元的房款。

下面她姐就给大家介绍一下关于二套房的认定，以及二套房贷款和首套房的区别。

一、什么样的情况算作二套房

这就得说到两个判定标准：认房和认贷。一是认房，如果买家在当地房屋登记系统中已经有了登记信息，再买房时，该房将被界定为二套房。二是认贷，如果买家在银行征信系统里已经登记有贷款买房的信息，那么又申请贷款买房时，将界定该房为二套房。

下面，我们套用以下几种情况：第一种，认房不认贷，是指如果购房者名下已经有一套房了，那么无论这套房是否需要贷款，房贷有没有还清，再申请房贷时都会被银行认定为二套房。

第二种，认贷不认房，是指只认贷款记录，不管是否有房，只要你有过贷款记录，哪怕房贷已经还清，再次买房都要按照二套房来算。

第三种，认房又认贷，就是上述两种情况的结合，只要名下有房，或者在银行征信系统中有买房贷款记录，在第二次买房时贷款，也会被定义为二套房贷款。

由于判定首套房和二套房的政策不是全国统一的，并且政策也是在持续更新的，如果你有类似的疑问，最好直接咨询当地的房管部门。

二、买二套房的贷款到底有多贵

下面，我们从首付、贷款期限、贷款利率和税费这四个方面来对比首套房和二套房的差别。

（一）首付款方面

如果是首套房，商业贷款的首付比例为 25%~30%，首套房公积金贷款的首付比例为 20%~30%。目前全国各地关于首套房的首付比例并没有统一的标准，像北京、深圳等部分限购的大城市，其首付比例往往会更高一些，具体还是要以当地规定为准。

如果是购买二套住房，如北京，普通住宅的首付款最低比例为购房总价的60%，非普通住宅的首付最低比例高达购买总价的80%。上海和武汉等城市二套房的首付比例也在 50%~70%。

（二）贷款期限方面

首套房贷款最长不能超过 30 年，二套房贷款期限不得超过 25 年，最长可计算到借款申请人法定退休年龄后 5 年，最高不得超过 65 周岁。

（三）贷款利率方面

截至 2021 年 11 月，中国工商银行、中国农业银行、中国银行、中国建设银行四大银行的首套房商业贷款利率都约为 5.36%，而不少城市的二套房的商业贷款利率都已经接近或者突破了 7%。

当然，商业银行对首套房和二套房的贷款利率政策是动态的，可以随时查阅最新信息。

（四）税费方面

买首套房和二套房税费差距在于契税，其他税费基本一致。首套房普通住房征收契税的标准是 90 平方米内为 1%，90 平方米至 144 平内为 1.5%，而非首次购房统一按 3% 缴纳。

除此之外，还有一个关于个人所得税的问题，在买房时，尽量买"满五唯一"的房子，这个"满五唯一"指的是所购买的二手房房主已经购买满五年了，并且这是他家庭的唯一住房，这种情况免征个人所得税。如果不唯一，作为买方，就得支付本次交易价格（即过户价）与房屋原值的差额的 20% 作为个人所得税。比如一套原值 200 万元、过户价 400 万元的房子，如果满五不唯一，那么各种税费加起来，可能就得几十万元了。

整体上看，购买二套房比首套房的成本要高出非常多，如果是刚需购买，要仔细地选房，如果单纯出于资产配置的目的想买二套房，就得非常谨慎了。

第十章
理财技巧：
内行才知道的秘密

◆ **第一节　关于工资，HR不会告诉你的事**

说到工资这个话题，如果你对自己工资的认知仅限于每月工资卡进账的薪资收入，只能说你对自己赚的钱还知之甚少。下面她姐就带大家重新认识一下工资构成，曝光一些HR不会告诉你的秘密。

先出道题考考大家：小明和小丽是大学同学，两人毕业后选择了不同的职业。小明去了某央企，每月拿到手的工资是1万元，五险两金，还有津贴和补贴等。小丽去了某知名外企，每月拿到手的工资也是1万元，五险一金，年底双薪。

问题来了：你觉得哪个人实际收入更高？

答案是：小明。因为小明和小丽每个月拿到手的工资虽然一样，但是小明的收入除了基本工资，还享受津贴、补贴、奖金和企业年金，另外住房、医疗等补贴、补助都高于小丽，通过年终考核还能够升职称、涨工资。而小丽只有五险一金和年底双薪的福利。这说明，每月到手工资其实并不能反映我们的真实收入水平。

一、哪些收入是容易被忽略的？

收入是系统性的，有"1+1>2"的可能。这个可能包括津贴、福利、保障体系，还包括很难量化的职业成长空间。一般来说，以下六大类收入都应该计入个人所得（见表10-1）。

表10-1　容易被忽略的各类收入

薪资类	工资、津贴、补贴、资金等
福利类	五险一金、企业年金、补充保险、非工资性补贴（报销）等
劳务类	兼职、劳务费、咨询费等
实物类	年节领取的各种礼品、礼物、卡、券
财产类	投资收益等
转移类	遗产继承、事故赔偿、馈赠等

第一，薪资类，包括工资、津贴、补贴、补助、绩效、奖金、提成等。

第二，福利类，包括五险一金、补充保险、非工资性补贴（如交通费、伙食费、卫生费、托儿补助费、计划生育补贴、取暖补贴、防暑降温费等）、特殊岗位津贴等。

第三，劳务类，创造发明的各种奖金、劳务费（项目费、稿费、翻译费、讲课费之类）、第二收入、兼职收入咨询顾问费等。

第四，实物类，收到的各种可折现或者具有现金价值的礼品、礼物、卡、券等。

第五，财产类，从银行和企业获得的存款利息、债券利息、股息和股金分红等。

第六，转移类，如遗产、意外事故补偿、馈赠、捐赠等。当然，这类情况在工资体系中出现的概率比较低。

主业收入对于大部分人来说是收入中最主要的一部分。然而这部分收入并非一成不变，它会随时间增长，一般来讲，35~55岁这20年，是大部分人一生的收入高峰期。

二、一个容易被工资"蒙蔽"的地方——时薪

举个例子：小明是一名销售经理，月薪 1 万元。小丽是一名小学老师，月薪 5000 元。显然，仅从月薪角度看，小明是小丽的两倍。但是，从时薪角度看，那可就不一定了。

作为销售经理的小明每天奔波于业务之中，工作时间超过 9 小时。而作为老师的小丽，虽然平时也很辛苦，但是每年有寒暑假，周末和节假日也能正常休息。粗略估算一下，小明平均每月的工作时间是 250 个小时，相当于时薪 40 元；小丽每月授课时间 100 个小时，相当于时薪 50 元。所以，当大家找工作或换工作时，不能单单比较到手工资的金额，要综合考量工作时间、工作强度和福利等各个方面。

三、另一个隐藏在工资里的秘密——工龄

职工工龄长短，是确定职工享受劳保福利待遇的主要依据。在不少工资和津贴的处理上，工龄与之密切相关。

首先，工龄关乎病假工资多少。

职工疾病或非因工负伤连续休假在 6 个月以内的，企业应按下列标准支付疾病休假工资：连续工龄不满 2 年的，按本人工资的 60% 计发；连续工龄满 2 年不满 4 年的，按本人工资的 70% 计发；连续工龄满 4 年不满 6 年的，按本人工资的 80% 计发；连续工龄满 6 年不满 8 年的，按本人工资的 90% 计发；连续工龄满 8 年及以上的，按本人工资的 100% 计发。

职工疾病或非因工负伤连续休假超过 6 个月的，由企业支付疾病救济费：连续工龄不满 1 年的，按本人工资的 40% 计发；连续工龄满 1 年不满 3 年的，按本人工资的 50% 计发；连续工龄满 3 年及以上的，按本人工资的 60% 计发。

病假工资的具体计算方法是（计算基数/21.75）×计算系数×病假天数。

其次，工龄还能直接决定休假时间的长短。《中华人民共和国劳动法》（以下简称《劳动法》）规定，劳动者连续工作 1 年以上的，享受带薪年休假。累计工作满 1 年不满 10 年的年休假 5 天；累计工作满 10 年不满 20 年的年休假 10 天；累计工作满 20 年的年休假 15 天。

再次，工龄和经济补偿数额直接相关。这里所说的经济补偿是指，如果公司

依据《中华人民共和国劳动合同法》相关规定，劳动者辞退需支付经济补偿的情形下，则需要根据劳动者在本单位工作的年限来计算辞退金。一般标准是：每满1年支付1个月工资，满6个月以上不满1年的，按1年计算；不满6个月的，则应向劳动者支付半个月工资。

最后，工龄还关系到退休后的养老金。《社会保险法》规定，基本养老金根据个人累计缴费年限、缴费工资、当地职工平均工资、个人账户金额、城镇人口平均预期寿命等因素确定。个人累计缴费年限越高，则计算的基本养老金越高。也就是说，工龄越长，交的养老金就越多，退休后领到的钱也就越多。

当然，工资涉及雇佣关系，具体细节大家还是得以《劳动法》为基础，再结合劳动合同一起看，尽量避免不必要的麻烦。

四、应得的加班费少拿了吗？

对于职场人士来说，加班真是再寻常不过了。不过，热爱工作又无可奈何的你，拿加班费了吗？如果你对加班费还有种种不解，下面的内容或许能够帮你扫清这些盲点。

（一）是否构成"加班"，要先认定"加班事实"

先不说能拿到多少加班费，最重要的前提是，单位得认定你有"加班事实"。下面这几种情况，并不构成"加班事实"：

1. 自愿工作的不属于加班

用人单位支付加班费的前提是"用人单位主动安排你加班"，如果加班行为并不是单位要求的，是自己主动的，就不属于加班，单位也无须支付加班费。反之，如果是单位安排的加班，也有加班记录，那么单位就要支付加班费。

2. 值班 ≠ 加班

加班和值班虽然都是在自己的休息时间为单位提供了额外劳动，但两者的性质是不同的。认定加班还是值班，主要看劳动者是否继续在原来的岗位工作。

我们以在学校工作的老师为例，老师原本的工作是授课，但是在寒暑假里可能也会被安排在办公室或者传达室值班，虽然利用了自己的假期为工作单位付出了自己的时间和精力，但这种值班行为并不能算加班。《劳动法》只规定，对于加班用人单位要支付加班费，并未说明值班也需要付加班费。所以，如果你是值班，原则上是不能向单位主张要加班费的。

（二）在认定加班事实后，就该算算钱了

虽说都是假期，但不一样的日期，加班费水平也是不一样的。以国庆七天假期举例，10月1日至7日放假调休，共计7天。而其中，只有10月1日至3日是"法定休假日"。按规定，用人单位在这3天安排劳动者加班的，应按照不低于劳动者本人上一个月平均日工资或小时工资的3倍支付加班工资。而10月4日至7日为休息日放假，如果用人单位在这4天休息日安排劳动者加班又不能安排补休的，应支付不低于2倍工资的工资报酬。

（三）加班费怎么算

还是以上面提到的国庆节为例：在10月1日至3日这三个法定休假日加班的，加班工资=月工资÷21.75×3×加班天数；在10月4日至7日这4个休息日加班的，加班工资=月工资÷21.75×2×加班天数。

细心的你一定发现了这个要点，算法中的月计薪天数都是21.75天，即工作日，并不是大家以为的30天或31天。

如果国庆7天都要加班，并且前后也没有调休，节后能拿到多少钱？假如工资为8000元/月，在不考虑税费的情况下，10月1日至3日加班，能拿到的加班费=8000÷21.75×3×3=3310.34元；10月4日至7日加班，能拿到的加班费=8000÷21.75×2×4=2942.52元。也就是说，如果这7天全加班，仅加班费就有6252.86元。当然，这笔收入还得按照工资薪金所得纳税。

（四）"补休"可以代替加班费吗

不能一概而论，得分情况。一般来说，休息日加班可以用补休替代，法定休假日不可以。《劳动法》规定，休息日安排劳动者工作又不能安排补休的，需支付不低于工资2倍的报酬。由此可见，如果是在休息日，如平时的周六日、长假期间的非法定休假日单位安排劳动者工作的，单位可以先安排补休；如果无法安排补休，则支付不低于工资2倍的加班费。但是，如果在法定节假日安排劳动者工作，单位必须按《劳动法》的相关规定支付加班工资，并且不能以补休的方式代替。

◆ 第二节　五险一金，80%的人都不知道的秘密

五险一金，想必大家都有所了解，分别是养老保险、医疗保险、生育保险、工伤保险、失业保险和公积金。不过具体的扣除比例和使用方法，可能很多人还是一知半解。下面的内容，我们就来逐一介绍。

一、养老保险，你应该知道这些事

养老保险是我们最基础的养老待遇，主要用于保障职工退休后的基本生活需要。那么，这笔钱由谁来缴纳，每月缴多少呢？

这笔钱是由个人和企业共同缴纳的，也就是说，我们每个月自己从工资里拿出一部分存起来，企业再拿出一部分存起来。为降低企业社保缴费负担，2019年政府工作任务下调了城镇职工基本养老保险的单位缴费比例，各地可降至16%，个人缴纳比例仍维持8%，当然，具体比例还是以当地社保局公布数据为准，不同地区可能会有差别。

算清了怎么缴费后，那么每月缴纳的养老保险钱去哪儿了？这就得说到养老金账户了，我国的养老金账户分为个人账户（私户）和统筹账户（公户）两个部分。个人缴纳的钱进入了个人账户，这个部分的钱都是个人所有，这个账户里的钱还会不断产生利息，利率要比银行的利率高一些，而且不收取利息税。而公司缴纳的部分则进入了统筹账户，既然叫统筹账户，顾名思义这个账户的钱是统筹安排的。根据国家规定，只要按照规定缴纳养老保险累计满15年，就可以在退休后领到退休金了。如果没有缴纳满15年，那就只能领回个人缴纳的部分，企业缴纳的部分就无法领回了。

退休后能领取多少钱？这个金额可以用公式计算出来。前文已提到可领取的养老金＝基础养老金＋个人账户养老金。其中，基础养老金＝（全省上年度在岗职工月平均工资＋本人指数化月平均缴费工资）÷2×缴费年限×1%；个人账户养老金＝个人账户储蓄额÷养老金计发月数。

可能大家会觉得有些复杂，其实直接登录国家社会保险公共服务平台就能测

算，不过由于未来工资增长率、地区平均工资水平和账户利率都是预测值，并非实际值，所以测算出来的结果可能和实际情况有出入，仅供大家参考。

二、生病了，医保能负担多少医药费

要说"五险"中使用频率最高的，恐怕就得是医疗保险了。可医疗保险怎么用，大家也不一定都弄明白。所以下面，我们就来说一下，医疗保险里究竟有多少福利。

社保中的医疗保险（也称医保），是为补偿劳动者因疾病风险造成的经济损失而建立的一项社会保险制度。医保的建立和实施集聚了单位和社会成员的经济力量，再加上政府的资助，可以使患病的社会成员从社会获得必要的物资帮助，减轻医疗费用负担。

关于医疗险的缴费，我们的工资会被扣除一部分用于缴纳"五险一金"，"五险一金"其中一项就是医疗保险，也是通常所说的职工医保。按规定，医保以缴纳基数为准，单位缴纳10%，个人缴纳2%，个人缴纳部分全部进入医保卡，单位缴纳部分有1%左右进入医保卡。个人账户里的钱，一般情况下当年归集的资金按照活期利率计息，往年的资金按照3个月定期存款计息。平时一笔一笔的积累，到了看病的时候就可以直接使用，就相当于开了一个账户，专门存一笔钱用于看病就医的开销。单位缴纳的其余部分进入统筹账户，也就是"公户"，这个账户里的钱是报销用的，当有人住院并符合医疗保险的报销条件后，就可以从这个"大池子"里拿钱出来报销。

关于医保报销，医保也并不是万能的，只有符合"两定点、三目录"的费用才能报销。其中，"两定点"是指定点医院（看病）、定点药店（买药）。去私立医院或者海外看病，不属于医保报销范畴，只能自费，或者通过商业医疗险来解决。"三目录"是指《基本医疗保险药品目录》《基本医疗保险服务设施目录》和《基本医疗保险服务诊疗项目目录》。每个目录又分为甲、乙、丙不同细分目录。甲类是100%报销，乙类是部分报销，丙类是纯自费。

同时，需要注意一点，即使可以报销，也不是花多少都能报销。医保报销是有起付线和封顶线的。起付线，就是医保的报销门槛，通常从100元到1800元不等，各地区不同、门诊和住院不同、各级别医院不同。如果每年发生的医疗费用未超出起付线，那就只能完全由个人支付。以北京地区为例，北京的在职职工

医保门诊起付线是 1800 元，退休人员的起付线是 1300 元。城乡居民医保门诊的起付线分为两档，一级及以下医院是 100 元、二级及以上是 550 元。住院起付线也是根据医院级别不同而不同，从 300 元到 1300 元不等。

封顶线，也就是医保的最高支付金额，每个地区会有差异；超出封顶线部分的费用，完全由个人支付。例如，北京的职工医保门诊封顶线是 2 万元，住院是 10 万元。但对于重疾来说，住院 10 万元的封顶线确实不太够用，因此，各地在此基础上还会再有一个"大额医疗费用互助基金"，但这个互助基金一方面会有封顶线，如北京是 20 万元；另一方面有些地区会设疾病目录，只有目录内的疾病才能用这个基金，不在目录内不能用。所以，从实际角度看，补充医疗还是非常有必要的。与基本医疗保险不同，补充医疗保险不是通过国家立法强制实施的，而是由用人单位和个人自愿参加的，我们可以有意识地额外补充一些重疾险和医疗险。

如果因为离职或其他原因，导致医疗保险停止缴费了，在停缴期间如果生病住院，还能否报销呢？按规定，连续 2 个月没有按时足额缴纳医保，就会被暂停医疗保险待遇，需要及时补足余额及缴纳滞纳金。如果连续 3 个月及以上没按时足额缴纳医保，医保缴纳记录会被清零，就算补足费用和滞纳金，也会被视作重新参加医疗保险。如果停缴了有半年甚至更久，期间突然生病住院，是不能够享受医疗保险待遇的。

所以，离职后一定要注意社保的问题，尽量不要出现断缴的情况，一旦断缴，一定要提前了解清楚当地的医保政策，及时解决。如果找到新工作，就要及时补上社保；如果暂时不找新工作，在离职之后可以到社保局的个人流动窗口缴纳社保，这种社保一般包括养老和医疗两个险种。

三、男性职工为什么也要缴纳生育保险

提到生育保险，可能很多人都有一个疑问，为什么男性职工也要缴纳生育保险？

作为基本医疗保险之一，凡是与用人单位建立了劳动关系的职工，包括男职工，都应当缴纳生育保险。所以，与用人单位建立了劳动关系的男性也是有生育保险的。

生育保险主要包括三方面的福利：产假、生育津贴和医疗服务。产假是在职

妇女产期前后的休假待遇，根据《女职工劳动保护特别规定》，国家规定的产假分别列为以下几项：①基本产假 98 天，其中产前可以休假 15 天；②难产，增加产假 15 天；③生育多胞胎，每多生育 1 个婴儿，增加产假 15 天；④怀孕未满 4 个月流产的，享受产假 15 天；⑤怀孕满 4 个月流产的，享受产假 42 天。

不过，各地区和单位会根据具体情况有所调整，需自行查阅当地的最新政策。

在休产假期间，其实也有"工资"可领。这就要说到生育津贴了，它是专门用来支付产假期间的"工资"的。按规定，生育津贴＝用人单位上年度月平均工资÷30×产假天数。比如，小丽生孩子一共休了 100 天产假，她所在单位上年度月平均工资金额为 9000 元，那小丽就能领到近 3 万元生育津贴，而且生育津贴是不用缴税的。

除了产假和生育津贴外，还有医疗报销的福利。按规定，因怀孕生育而花费的产检费、接生费、手术费、住院费、药费等都可以通过生育保险进行报销，但支付方式有所不同，我们以北京地区为例，按照《北京市生育保险医疗费用支付范围及标准》：

第一，针对怀孕期间的产检费采取限额支付：妊娠 1 至 12 周末前的产前检查费 470 元；妊娠 1 至 27 周末前的产前检查费 750 元；妊娠至分娩前的产前检查费 1200 元。

第二，针对住院分娩期间产生的医疗费用采取定额支付：自然分娩的医疗费，三级医院 1900 元、二级医院 1800 元、一级医院 1700 元；人工干预分娩的医疗费，三级医院 2100 元、二级医院 2000 元、一级医院 1900 元；剖宫产伴其他手术的医疗费，三级医院 3800 元、二级医院 3700 元、一级医院 3500 元；剖宫产伴其他手术的医疗费，三级医院 4000 元、二级医院 3900 元、一级医院 3600 元；以上分娩方式每增加一胎，费用在该分娩支付标准基础上加收 10%。

以上都是和女性直接相关的福利，其实，男性职工缴纳生育保险也有福利。一方面，男性职工同样可以休一般为 15 天的陪产假，这个假还可以领津贴。另一方面，如果妻子没有工作或是没有缴纳生育保险，还可以用丈夫的生育保险。以深圳地区为例，参保男职工的妻子（未缴纳生育保险）生第一胎时，可申请享受的一次性生育补贴标准为：流产的 200 元；顺产的 1200 元；难产或多胞胎生育的 2000 元（各地标准略有不同，具体需参考本地规定）。当然了，领取生育补贴必须要满足三个条件：一是生育保险要缴满一年才能领取（不同地区的要求不一样，具体城市可以咨询当地社保局）；二是领生育津贴时，要保持在保状态（通常要求连续缴满 12 个月）；三是男方领取时需提供配偶无收入的证明，这个证明就是妻子的就业失业证，如果没有，由男方职工单位或者其所在社区开具即可。

如果夫妻双方都有生育保险，该用谁的更划算呢？根据规定，如果夫妻双方均缴纳了生育保险，女方符合享受生育保险待遇条件的由女方享受，男方不再享受生育医疗费补助。也就是说，生育保险不能重复申请。不过，符合条件的男方可以申请陪产假和陪产假津贴。男方假期津贴是以所属统筹地区上年度在岗职工月平均工资为基数，按规定的假期时间计发。各地天数有所不同，大部分在 10 天左右。

如果夫妻双方都没有缴纳生育保险，又该怎么办？前面我们提到了，对于一些农民工、灵活就业者或者自由职业者来说，他们不能缴纳生育保险，没办法享受生育保险待遇。不过在国务院公布《生育保险和职工基本医疗保险合并实施试点方案》之后，试点城市把生育保险纳入基本医疗保险之中，这个也叫"五险并四险"，只要是参加基本医疗保险都可以享受生育医疗待遇。

需要注意的是，各地的生育保险政策是有差异的，建议大家在申请前先向当地的社保局咨询生育保险可以享受哪些待遇以及如何报销相关费用。在职的人群其实不用太操心，一般情况下，产后报销都是由单位办理，单位的人事会告诉你需要准备哪些资料的。

四、上班路上发生交通事故，也算工伤吗？

关于工伤保险，大家的疑问似乎挺多。比如，上班路上围观了一个纠纷，结果被误伤了；上班路上发生了交通事故，你是全责；上班的路上不小心摔了一跤……这些算工伤吗？

上述三种情况，其实都不能算作工伤。根据《工伤保险条例》第十四条第六款，职工有下列情形之一的，应当认定为工伤：在上下班途中，受到非本人主要责任的交通事故或者城市轨道交通、客运轮渡、火车事故伤害的。根据上述规定，可以总结出在上下班路程中被认定是工伤所具备的要素：

第一，必须是"上下班途中"。依据《最高人民法院关于审理工伤保险行政案件若干问题的规定》，上下班途中包括以下方面：

（1）在合理时间内往返于工作地与住所地、经常居住地、单位宿舍的合理路线的上下班途；

（2）在合理时间内往返于工作地与配偶、父母、子女居住地的合理路线的上下班途中；

（3）从事属于日常工作生活所需要的活动，且在合理时间和合理路线的上下班途中；

（4）在合理时间内其他合理路线的上下班途中。

第二，必须是"交通事故或者城市轨道交通、客运轮渡、火车事故"造成的伤害。

第三，事故必须是"非本人主要责任"。"非本人主要责任"包括无责任、次要责任、同等责任三种情况。如果本人在事故中负有全部责任、主要责任，则无法认定为工伤。

所以，上下班走路意外摔倒、滑倒、因围观被误伤等情况，因为不属于这一条规定的"交通事故"，所以不能算作工伤。

那么，除了交通事故外，还有哪些情况也算工伤？在不存在故意犯罪、醉酒或者吸毒、自残或者自杀的情况下，下列情况可以认定为工伤：

（1）患职业病；

（2）在工作时间和工作场所内，因工作原因受到事故伤害的；

（3）工作时间前后在工作场所内，从事与工作有关的预备性或者收尾性工作受到事故伤害的；

（4）在工作时间和工作场所内，因履行工作职责受到暴力等意外伤害的；

（5）在工作时间和工作岗位，突发疾病死亡或者在 48 小时之内经抢救无效死亡的；

（6）因工外出期间，由于工作原因受到伤害或者发生事故下落不明的；

（7）在抢险救灾等维护国家利益、公共利益活动中受到伤害的；

（8）职工原在军队服役，因战、因公负伤致残，已取得革命伤残军人证，到用人单位后旧伤复发的，报工伤可享受除一次性伤残补助金以外的工伤保险待遇。

总之，除了上下班路上的交通事故，工作时间突发疾病、患职业病、工作劳累导致猝死（突发疾病死亡或 48 小时内抢救无效死亡）等情况，工伤保险都会赔偿。

还有一个问题，在工伤休息期间，有没有工资拿？能拿多少？工资是有的，并且因工伤需要暂停工作接受治疗的，在停工留薪期内，原工资福利待遇不变，由所在单位按月支付。这个工资待遇的标准为工伤人员负伤前 12 个月的平均工资收入，且不得低于本市职工最低月工资标准。

工伤保险的钱到底从哪来？答案非常简单，工伤保险费是由企业或雇主按照国家规定的费率缴纳，劳动者个人不用缴纳任何费用，这是工伤保险与养老保险、医疗保险等其他社会保险的不同之处。

值得提醒大家的是，虽然工伤保险也会对一些意外交通事故给予赔偿，但同时也存在无法应对一切意外伤害事故的短板。所以，要想得到更加全面的意外风险保障，还应该额外配置一份意外险，只有两者结合，才能提供最佳的保障。

五、失业后，它能给你"补点血"

失业保险，顾名思义，是给那些因失业而暂时中断生活来源的人提供经济帮助，以保障基本生活得以维持。失业保险是由用人单位、个人缴费及国家财政补贴共同支撑的，也就是说，我们每个月的工资中会扣除一部分钱来缴纳失业保险，同时公司也会拿出一部分资金缴纳失业保险。按规定，个人缴纳不超过工资的 0.5%，公司缴纳 0.5%~1%。比如，小丽的基本工资是 1 万元，她每个月需要缴纳 50 元失业保险，公司会缴纳 50~100 元。

缴纳失业保险后，是否意味着只要失业，就能申请领取失业金呢？并不是。总的来说申领失业金需要满足三点：

（1）非本人意愿中断就业，也就是说，主动辞职的不算；

（2）按照规定参加失业保险，所在单位和本人已按照规定履行缴费义务满 1 年的；

（3）已办理失业登记，并且有求职要求的。

目前，失业保险金网上申领全国统一入口已开通。参保失业人员可以登录国家社会保险公共服务平台，或通过电子社保卡渠道（所有已开通电子社保卡的 App、小程序、公众号）申领。

失业金的发放金额标准，按失业前 12 个月月平均缴费工资的 40% 来确定，最高不得超过当地最低工资标准，最低不得低于当地城市居民最低生活标准。一般由各省、自治区、直辖市政府确定。不过各地区之间失业金发放的标准有一定的差异，比如，北京失业金的发放标准为北京市最低工资水平的 70%～90%；广东失业金的发放标准为失业人员所在地级市以上最低工资标准的 80%。所以大家要是想知道最准确的领取标准，最好向社保经办机构咨询。

说完怎么领、领多少，可能有人有疑问，如果没找着工作，失业金可以一直领吗？不可以。失业金的领取有时间期限。根据规定，社保累计缴费满 1 年不足 5 年的，最长领取 12 个月；累计缴费满 5 年不足 10 年的，最长领取 18 个月；累计缴费 10 年以上的，最长领取 24 个月。找到新工作，再次就业，缴费时间就需要重新计算了。

六、住房公积金使用攻略，用好能多赚几十万元

住房公积金，是指代表国家机关、国有企业、城镇集体企业、外商投资企业、城镇私营企业及其他城镇企业、事业单位、民办非企业单位、社会团体及其在职职工缴存的长期住房储金，缴存的金额全部记入职工个人账户，归职工个人所有。

光看概念，大家可能对住房公积金还是有点隔雾看花的感觉。简单讲，对职工来说，有了公积金，不仅可以享受到更优惠的房贷利率，即便不打算买房，只要符合提取条件，还可以定期提取住房公积金，可谓是福利多多。

那么住房公积金的缴费到底划算不划算呢？当然划算，住房公积金交得越多越好，比例越高越好。住房公积金由职工所在单位缴存和职工个人缴存两部分组成，并且，住房公积金是在专项扣除合计中扣除的，能减个税。

不过，公积金交多少，缴存基数和比例都是有规定的。按最新规定，住房公积金缴存基数是职工本人上一年度平均工资，缴存基数不得高于职工工作所在地区城市统计部门公布的上一年度职工月平均工资的 3 倍。具体标准由各地根据实际情况确定。职工单位对职工缴存住房公积金的工资基数每年核定一次，基本都是每年 7 月统一做出调整。对于缴存比例，是指职工个人按月缴存（或职工单位按月资助职工缴存）住房公积金的数额占职工上一年度月平均工资的比例，职工和单位交存比例不应低于 5%，也不得高于 12%。具体缴存比例由住房公积金管理委员会拟定，经本级政府审核后，报省、自治区、直辖市人民政府批准后执行。

说完了住房公积金的缴存基数和缴存比例，下面我们来讲一下住房公积金该

如何提取。其实住房公积金提取的条件很宽泛，购房、租房、装修、退休等都可以提取住房公积金，只不过不同城市和地区可能会略有差异，需要提前咨询单位的人力资源部门。

提取住房公积金还贷款，也被称作"冲还贷"，冲还贷可以选择两种归还方式——年冲和月冲。年冲也称一次性还款法，是直接用住房公积金账户上的全部余额来冲抵贷款本金。住房公积金部门有规定，年冲还款必须优先归还公积金贷款的本金。也就是说，在还完全部的公积金贷款本金后，才可以冲减商业贷款的本金部分。其实，年冲就是一种提前还款方式，可以节省一部分公积金贷款的利息。不过，使用年冲住房还款需要满足一些条件：第一，住房贷款必须满1年以后，才能去办理冲抵本金的业务；第二，在一般情况下，冲抵的本金额度不低于6个月还款额。

月冲，也称逐月还款法，是指按月将公积金账户上的资金取出来还房贷。如果使用月冲，每月都可以提取一次住房公积金，用于归还当月房贷本息。如果提取的住房公积金金额不足，借款人应及时补足还款金额。另外，提取住房公积金也可归还商业性住房贷款。

虽然年冲产生的贷款利息总额低于月冲产生的贷款利息总额，但这并不是说年冲优于月冲，适合自己的才是最好的。这两种方式哪个更适合，还得根据自己每月收支情况，也就是现金流和当前的财务状况来决定。

使用年冲，还贷初期压力较大，但一年后随着贷款本金的一次性冲抵，月供负担也将大幅减少。一般来说，住房公积金账户余额较多，并且贷款初期现金支出压力不大的购房者适合选择年冲还款。使用月冲，只需每月扣款还贷，适合收入较稳定但闲置资金并不多的人。因为大多数人的住房公积金并不足以完全覆盖房贷，一般采用公积金贷款+商业贷款的方式进行还款，这种情况下选择月冲更好，每月使用住房公积金额度还一部分贷款，剩下的再通过商业贷款补充还款。但这并不代表月冲不能提前还款，可以把每月节省下来的现金积攒到年底，然后一起冲抵本金，而且可以优先归还商贷本金，因为商贷利息是高于公积金贷款的。

此外还要提醒大家，年冲只在每年的4月或9月才会进行冲还贷，平时需要自己把钱存入指定的还款账户归还贷款本息。月冲则是每月会先从个人住房公积金账户中扣款，如果个人住房公积金账户余额不足，才会从指定的还款账户中扣款。

对于上班族来说，公积金账户可以说是一个大宝藏，大家一定要合理利用好公积金福利，别白白让一大笔钱躺在账户"睡大觉"了。

◆第三节　用好信用卡，每年"白捡"好多钱

关于信用卡，大家褒贬不一，有人将它视为现金管理工具，必要时信用卡的额度能支撑短期的资金需求；也有人则将它视为洪水猛兽，在使用的过程中不仅付出了金钱的代价，还影响了自己的信用记录。但其实，科学掌握使用方法，信用卡还是能给我们提供很多便利的。

一、用好信用卡的免息期

我们可以把信用卡理解为银行提供给个人的一种获取短期无息消费贷款的金融工具，凭证就是这张小小的卡片。说起消费贷款，很多人都会有点紧张，其实这种紧张完全没有必要，也不用觉得好像有了债务，自己的财务就不健康了。因为负债分为良性负债和恶性负债。良性负债是指那些可以让负债者的资产得到增值的负债，使用信用卡透支消费，并且在还款日前全额还款就是一种短期的良性负债。恶性负债是指那些为了消费享受等各种原因不得已而背上的负债，这种负债的利率普遍偏高，长期累积下来就变成了恶性负债。如果在使用信用卡的过程中缺乏自控力，过度消费超过了自己的还款能力，长期使用最低还款额还款或者分期还款，就会导致恶性负债的产生。

所以在使用信用卡前，我们首先要树立正确的观念，科学使用信用卡。如果无法控制自己的消费欲望，总是超出自己的还款能力提前消费；或者总是忘记关注账单，无法按照还款日按时还款，这类人都不建议办理信用卡。

前文我们说了信用卡的本质是银行提供给个人的一种短期无息贷款金融工具，这个短期无息贷款就是指信用卡持卡人可以在信用卡规定的免息期内享受零利息的先消费后还款服务，一般来说，信用卡免息期最长可以达到50多天。我们都知道，货币是有时间价值的，当前持有的一定量货币比未来获得的等量货币

具有更高的价值，换句话说，因为通货膨胀和市场利率等因素的存在，今天的一元要比明天的一元更值钱。在使用信用卡时，我们可以先消费、后还款，也就是让真实的资金流出延迟发生了，期间我们就可以充分利用货币的时间价值来赚取额外的收入。要做到这一点，我们需要先了解几个概念：账单日、还款日和免息期。

账单日是指发卡银行每月定期对信用卡账户当期发生的各项交易、费用等进行汇总结算，结计利息，计算当期总欠款金额和最小还款额，并发送对账单。还款日是指发卡银行要求持卡人还钱的最后日期。从使用信用卡消费到还款日之间的日期就是免息期，也就是说，只要在还款日前全额还清当期对账单上的本期应还金额，就不用支付利息。

免息期根据各银行规定有所不同。使用时距离当期账单日越远，免息期也就越长。所以在账单日当天刷卡消费免息期是最短的，在账单日次日刷卡消费免息期是最长的。比如，账单日为每月 1 日，最后还款日为每月 20 日，如果在 1 日当天刷卡消费，则需要在当月 20 日还款，免息期是 20 天；而如果在账单日的第二天也就是 2 日刷卡消费，那么这次消费的账单日是下个月的 1 日，还款日是下个月的 20 日，免息期长达 50 天。

搞清楚了什么是免息期后，我们就能利用它来赚钱了。比如，你有一张信用卡，每月 7 日是账单日，每月 25 日是还款日，你在 8 日刷信用卡买了一台价值 10000 元的笔记本电脑，还款日是下个月的 25 日，期间共有 47 天的免息日，可以将手里准备用来购买电脑的 10000 元现金买入年化收益率为 3% 的银行活期理财产品，47 天共获得利息收入 38.63 元。尽管收益看起来不多，但是合理利用信用卡的免息期"白捡"来的钱，提高了资金的利用效率。

二、合理使用信用卡，好处多

除了利用信用卡的免息期帮助我们赚钱之外，使用信用卡还有不少好处。

（一）积累个人信用记录

申请和使用信用卡的数据会被记录进央行的个人征信报告，并且保留一段时间。持有并合理使用信用卡，按时还款，可以丰富我们的个人征信报告，提升我们在银行等贷款机构眼中的信用度。通过使用信用卡积累良好的个人征信，在办理房贷、车贷等贷款时会容易得多。

（二）账单管理

银行会在信用卡的账单日或其后的 1~2 天为持卡人提供纸质版或电子版的信用卡消费明细账单，账单上会详细列明我们的每一笔消费金额和对应商户，通过账单我们可以清楚记录自己的消费和支出，统计自己在各领域的消费比例，这样可以更加合理地规划自己未来的消费计划。

（三）充分享受"薅羊毛"的快乐

现在的信用卡活动让人眼花缭乱，不仅有免停车费、免费机场贵宾厅、免费洗牙等服务，还有信用卡积分换礼，以及与各种商户合作推出的折扣活动，可以让持卡人充分享受"薅羊毛"的快乐。信用卡的活动，有些是在申请信用卡的时候就明确规定了的，如有些信用卡会赠送意外险，有些信用卡附带免费洗牙、免费高尔夫球练习场服务等。一般来说，信用卡等级越高，附加的服务也越多。信用卡积分换礼几乎是每家发卡银行必备的服务，此外，各家银行的 App、微信公众号也不定期推出各种优惠活动，提供免息购物的机会。

综上所述，我们无须把信用卡看成洪水猛兽甚至心怀抗拒，建立科学的用卡观念、养成健康的用卡习惯，信用卡就能够帮助我们提高资金的利用效率，成为我们现金管理的好帮手。

三、分期还款和最低还款，这样选择更划算

分期还款，是指信用卡账单分期，持卡人在到期还款日之前，通过电话等方式向发卡银行提出分期还款申请，本金和利息将被分摊到每期的还款中。最低还款，是指持卡人在到期还款日（含）前没办法全额还款的，可以按发卡行规定的最低还款额进行还款。最低还款额的比例通常是 10%。

（一）用最低还款额还款：欠款时间越长，还款压力越大

选择最低还款额还款可以避免对信用记录造成不良影响。不过，归还最低还款额会失去享受免息期的待遇，持卡人需要支付一定利息。目前，大部分银行采用全额计息的方式，从消费入账之日算起，每天收取 0.05% 的利息，并按月复利计算。

举例来说，假设 D 小姐的信用卡账单日为每月 18 日，到期还款日为次月 15日。D 小姐有一笔 10000 元刷卡消费，记账日为 6 月 14 日。因此，D 小姐本次最后还款日为 7 月 15 日，本期应还金额为 10000 元，最低还款额为 1000 元。

如果 D 小姐选择在 7 月 15 日当天或之前归还所有欠款 10000 元，那么她不

需要支付任何利息。而如果 D 小姐在 7 月 15 日仅归还了最低还款额 1000 元，那么她将被收取从记账日（6 月 14 日）起算的利息，直到还清为止。在下个账单日 7 月 18 日之前，如果 D 小姐没有还清剩余款项（包括利息部分），那么该期账单中会有 163.5 元的利息产生。计算方式为：$10000 \times 0.05\% \times 30$（6 月 14 日至 7 月 15 日产生的利息）$+ (10000 - 1000) \times 0.05\% \times 3$（7 月 16 ~ 18 日产生的利息）$= 163.5$ 元。这份账单的最后还款日为 8 月 15 日。

如果 D 小姐在 8 月 15 日依旧没有全额还款，那么 7 月 18 日至 8 月 15 日的免息期也将被取消，而且上期账单中 163.5 元的利息也将按每天 0.05% 的利率产生利息，这就是月复利的意思。由于每天都有新的利息产生，早期的利息还会产生复利，如果 D 小姐在 3 个月内无法还清欠款，利息将超过千元，欠款时间越长，还款压力越大。

目前，有些银行规定如果持卡人按最低还款额还款，已经偿还的部分将免收利息，未偿还的部分会从记账日起按每天 0.05% 的利率计息。还是以 D 小姐为例，其中，D 小姐已经归还的 1000 元可以免收利息，银行只对未还清的 9000 元收取从 6 月 14 日起至还款日的利息。这一方式可以降低一定的还款压力。

（二）多数情况下分期还款更优惠

如果资金一时周转不开，还可以考虑使用分期还款的方式偿还欠款。分期还款虽然不产生利息，但要支付手续费。目前，大部分银行提供的现金分期业务多为 3 期、6 期、12 期、24 期，也有部分银行提供短至 1 个月的分期、长至 36 期的分期。手续费费率各家银行的情况也不尽相同，但整体差别不大，以 12 期（即 1 年）为例，年化率基本在 7.8% ~ 9%。

以某大型股份制银行为例，信用卡持卡人可申请账单分期，3 期手续费 2.6%、6 期手续费 4.2%、12 期手续费 7.2%，在第一次还款时一次性收取。计算公式为：现金分期每期手续费 = 分期总金额 × 每期手续费费率。

仍以 D 小姐为例，她的 10000 元欠款若全部进行账单分期，分 3 期需支付手续费 260 元、分 6 期需支付手续费 420 元、分 12 期需支付手续费 720 元。可见对于 D 小姐来说，分期还款比最低还款额还款更划算。

不过，并不是在所有情况下分期还款都比最低还款额还款更省钱。对于金额较大、较长时间内无法一次还清的欠款，为防止复利，建议选择分期还款，成本相对较低。而对于金额较低、消费记账日离最后还款日很近，而且能在较短时间内偿还的，则建议选择最低还款额还款。

如果不想产生利息，最好的办法就是按时全额还款，不仅能维护信用卡良好的使用记录，还能避免产生不良信用记录。

◆ 第四节　花呗、京东白条等的真实利率，算出来很吓人

为了让更多消费者使用互联网消费分期产品，支付宝、京东等一众电商平台会在购买页面通过大额满减、赠送优惠券礼包或者短期分期免息的方式来吸引新用户激活使用。在铺天盖地的广告宣传下，给人的错觉就是"分期费率很低啊，甚至是零成本"。

的确，如果单看费率的话并不高。比如，花呗官方给出的分期费率是：分 3 期费率是 2.5%，分 6 期费率是 4.5%，分 9 期费率是 6.5%，分 12 期费率是 8.8%。分期服务费的计算规则是：总分期服务费=总分期金额×手续费费率=每期的分期服务费×期数。

如果你买了 5000 元的商品，分 12 期还款，手续费只要 5000×0.088 = 440 元，加上本金 5000 元，每月包含手续费的还款额只需要 5440÷12 = 453.33 元。乍一看没什么问题，但是这种类似于按月等额本息的还款模式，每月都需要偿还本金，也就是说次月本金是减少的，但是手续费还是按照最初的 5000 元收取，所以真实的利率算出来，远比你想象中高得多。有多高呢？在公布答案之前，她姐先告诉大家两个计算消费分期产品真实利率的方法。

方法一：使用 Excel 里的 IRR 公式。无论是信用卡还是电商的消费分期产品，看着利率并不高，甚至会有种零成本的错觉，这是因为它们都利用了大多数消费者不懂货币的时间价值这一点蒙蔽消费者。我们知道，今天的 100 元，与 1 个月、2 个月……N 个月后的 100 元，实际价值是不一样的。未来的 100 元，考虑到时间因素，折回到当前的价值也要少一些。

同样的道理，消费者未来每期还款的金额，如果按一定的利率，折回到现在刚好等于借款本金，这个利率就是消费者实际承担的借款成本，也就是 IRR。IRR 可用来计算每期现金流的实际回报率。

方法二：记住一个公式。如果你觉得使用 Excel 有些麻烦，再给你一个可以用计算器就能按出实际贷款利率的公式：a×n×24÷（n+1）。其中，a 代表分期手续费率，n 代表分期数。这个公式用文字表示可以为：年利率=分期手续费率×分期数×24÷（分期数+1）。可以看出，分期数越长，真实借款利率也就越高。这个其实很好理解，如我们在买理财产品的时候，持有的时间越长，投资收益率也就越高。

弄清了这两个计算真实利率的方法后，下面我们就来计算一下消费分期产品的真实利率到底有多高。

先用 Excel 中的 IRR 公式计算一下花呗分期和苏宁任性付分期的真实利率。某品牌吸尘器售价是 5290 元，如果选择分期付款，分 12 期每期需要支付 473.9 元。如图 10-1 所示，在 Excel 中输入两列信息，第一列是时间，也就是分期数，第二列是每期还款金额，不过要注意，要在第二列输入这款商品的总价。之后，我们选择"公式"—"财务"—"IRR"来计算真实利率。得出来的结果就是实际的月利率，约为 1.13%，然后再乘以 12，就得出了真实的年利率，结果是 13.56%。

时间	每月要还金额
	5290
第一期	−473.9
第二期	−473.9
第三期	−473.9
第四期	−473.9
第五期	−473.9
第六期	−473.9
第七期	−473.9
第八期	−473.9
第九期	−473.9
第十期	−473.9
第十一期	−473.9
第十二期	−473.9
实际月利率	1.13%

图 10-1　Excel 计算 IRR

同样的价格、同样的分期数，我们选择苏宁任性付分期，按照上述同样的方法，算出的真实利率竟然高达 21.45%。

我们再用年利率的计算公式计算一下京东白条的真实利率。京东金融给出的京东白条账单的分期服务费率每月为 0.5%~1.2%。我们假设京东白条分 12 期的月费率是 0.7%，套用公式可得：借 3 个月，实际年利率是 0.7%×3×24÷（3+1）= 12.6%；借 6 个月，实际年利率是 0.7%×6×24÷（6+1）= 14.4%；借 12 个月，实际年利率是 0.7%×12×24÷（12+1）= 15.5%。

从上面三个实例中我们可以得出结论：看似分期后每月还款金额少，减轻了财务压力，可实际上我们为此付出的资金使用成本很高。

面对这样高的真实利率，消费分期还能用吗？用还是可以用的，只是我们要严格遵循以下两点：

第一，量力而行。大家在网购消费时，一定要根据自己的还款能力量力而行，同时优先选择可以提供免息期的电商平台，尽量减少手续费成本。

第二，充分利用免息期。这一点主要针对的是花呗和京东白条。如果能够掐准时机用花呗享受 53 天免息期、购买免息商品享受 12 个月免息期、用信用卡和京东白条拼出 80 天免息期，那么免息期内的消费几乎就是零成本了。

◆ 第五节　海外购物的省钱秘籍

根据我国出境游的市场统计数据显示，中国已经连续数年成为全球出境游支出最多的国家，显示出了中国出境游用户具有相当可观的消费能力。

虽说大家能够出国旅游经济条件肯定不会很差，但在购物这一项上，肯定是买得越值越好。下面给大家奉上一份海外购物省钱秘籍，从各个方面教你如何在出国购物时把机票钱给"省回来"。

一、出行前怎么换汇最划算？

（一）汇率如何影响我们海外购物？

汇率，顾名思义，就是两种货币之间的兑换比率。出国旅游前，我们需要把手里的人民币换成目的地国家（地区）的通用货币。因为各国间的汇率是变动的，这就会影响我们的钱能换更多或更少的当地货币，从而影响海外购物会更贵还是更便宜。总的来说，如果人民币对另一国货币贬值，我们出国买东西就会更贵了；如果人民币对另一国货币升值，我们出国买东西就会更便宜了。

比如，你在美国购物，一个包的价格为 100 美元，当美元对人民币汇率为 7∶1 时，这个包需要你花费 700 元人民币购买；假设人民币贬值，汇率变为 7.2∶1，那么这个包的价格就变成了 720 元人民币，对你来说就变贵了；假设人民币升值，汇率变为 6.8∶1，那么这个包的价格就变成了 680 元人民币，这时候你再买就比之前划算了。

所以，如果想出国购物，不妨提前观察一下汇率变动，在人民币升值的时候或者在目地国货币贬值的时候出国购物，都是个省钱的选择。

（二）哪里能看实时汇率？

中国人民银行会根据国际外汇市场行情，实时公布人民币市场基准价，也叫中间价，就是买入价和卖出价的一个平均数。各家商业银行会在中间价的基础上制定自己的外汇牌价，也就是外币和人民币之间的买卖价格，这个牌价是实时变动的，即使同一天内也会有所不同。我们选择一个要换汇的银行，去它的官网就可以查询到实时的牌价了。每一种外币都会公布 4 种牌价，即现汇买入价、现汇卖出价、现钞买入价、现钞卖出价。

买入价，是银行向客户买入外币的牌价；卖出价，是银行将外币卖给客户的牌价；现汇，是指有境外的账户，直接用汇款的方式交易；现钞，是指不需要汇款，而是直接转换为账户现钞的方式换外币。这里需要注意，即使在换外币后直接存在账户上而没有取现，也是现钞。

所以，对普通的出国旅游者来说，关注现钞卖出价就可以了，这就是换汇的时候要用到的汇率。反过来，从国外回来，手里剩了很多外币，想要卖回给银行，需要看现钞买入价。

（三）哪里换汇更划算？

（1）国内银行：与机场或境外银行相比，在国内银行换汇无疑是最实惠的。不仅汇率会比较优惠，而且提前在国内换好外币，抵达后目的地后就可以直接使用了，比较方便。需要注意的是，国内各家银行的汇率会稍有不同，一些银行会对本行的星级客户有一些汇率上的小折扣，所以大家换汇前可以货比三家。另外，在银行换汇需要提前预约，问清楚要换的币种该银行有没有、哪个营业网点能换、能在什么时候取等。预约之后，按约定到银行填写换汇申请单就可以了。

（2）机场：无论是境内还是境外，只要是有国际航线的机场，基本上都有货币兑换柜台，好处是非常方便，24 小时营业，但汇率不会很划算，基本上会赚你 8%～10%，所以，如果不是十分紧急或资金需求量很小的情况，不建议在机场换汇。

（3）境外银行：境外银行和国内银行一样，汇率是当天市价，安全可靠，价格适中，不过需要在营业时间到网点兑换，便捷性不高。如果用现金兑换，需要确认本地银行接受人民币；如果用卡内现金换汇，需要确认你的卡可以在此使用。

（4）酒店：很多国外星级酒店都有换汇服务，很方便，但是甚至比机场的换汇价格还不划算。另外，很多酒店还会有兑换上限，无法满足较大金额的换汇需求。

（5）外币兑换点：这些兑换点遍布在境外一些城市市中心的街道、商场和繁华地区，营业时间较长，有些还是 24 小时的，兑换起来非常方便。不过各家门店的汇率不太相同，通常会比银行贵一些，如果时间和精力允许可以货比三家。

（四）应该什么时候换汇？

当决定了要出国时，就应该把兑换货币提上日程了。但不要太早也不要太晚，如果换汇太早，结果签证被拒签了，那么卖出外币可要损失一笔钱。如果换汇太晚，来不及预约银行（一般银行需要提前 3 个工作日预约外币兑换），可能临行前也没准备好外币。建议大家可以在等待出签的时候关注一下汇率变动。如果发现人民币在升值，就适当开始兑换一些。如果近期汇率变动较大，可以用少量多次的办法，每次看到划算的汇率就兑换一部分。

（五）出国前应该兑换多少外币？

出国前是不是要把所有要花的钱都提前在国内换了呢？当然不是，一来带那么多现金在身上并不安全；二来出入境时对旅客所携带现金的数量是有上限的。我国规定，出境人员携带不超过等值 5000 美元的外币出境，无须申报即可海关放行，人民币现金不能超过 2 万元。即将入境的目的地国家也有类似的限额规定，如欧盟国家是 1 万欧元、美国是 1 万美元等。

所以，大家只需要带一部分现金，以能够应付入境后头两天的必要支出为宜，保证打车、吃饭等需要用现金的时候不会没钱就好了。如果银行能换到目的国货币的零钱是最好的，方便使用还安全；如果没有，可以准备一些小额美金，以作应急之需。如果和家人一起出行，记得把换好的外币分给家人分别携带，以分散风险。

二、境外取现小技巧

如果在境外需要用现金，该怎么取现？最方便的当然是 ATM 机了。但是要注意观察一下 ATM 机的适用范围。一般来说，如果是 VISA/MASTER/JCB 的卡，在国外大部分的 ATM 上是可以使用的，如果是银联卡（非银联与 VISA/MASTER/JCB 的双币卡），那么就要找标有"银联"标识的 ATM 机使用。

下面给大家介绍几个境外取现需要注意的地方：

（一）借记卡与信用卡取现规则

在境外取现，大部分银行是要收取手续费的，只是各家银行的标准不尽相同。对于借记卡来说，有按金额的 1% 或 5% 收取的，有每笔收 12 元或 15 元的，还有两者结合即按比例再加收 12 元或 15 元的。出境前，建议大家参考银行当年的境外取现政策。对于信用卡来说，境外的取现手续费多为取款金额的 1.5% ~ 3%，经常还有最低费用（如 3.5 美元），各家银行的收费标准也不尽相同，同样需要提前了解。另外，信用卡取现还会收每日 0.05% 的利息，直到还清为止。总之，信用卡的取现成本高于借记卡。

（二）银联卡与国际卡取现差异

对于仅带有"银联"标识的借记卡，只能在带有银联标志的 ATM 机上取款。国内银行会按当天银联汇率转换后直接扣除账户中的人民币，同时收取一定的手续费。如果持有的卡片上既有银联标志，还有一个国际卡组织的标志，如 Visa、Master Card 等，那么不仅有人民币账户，还有一个外币账户。这类卡片在取款时既可以选择带银联标志的 ATM 机，也可以选择与国际卡组织对应的 ATM 机。款项会优先从外币账户中扣款，当外币账户余额不足时，再用人民币账户中的余额购汇。同时，如果取现的是非美元，可能会发生两次货币转换，汇率损失也会相对多一次。

（三）银行的取现政策

当然，银行除了对境外取现收取手续费外，对取现的金额也做了相应规定。一般银联渠道每卡每日取款上限为等值 1 万元人民币，也有个别银行规定为每日等值 5000 元人民币。国际卡实行另一套标准，同一户名下，一天内不能超过等值 1000 美元，一个月内累计不能超过 5000 美元，6 个月内不得超过 1 万美元，1 年内不能超过 2 万美元。

三、境外消费时，刷卡好还是现金好

（一）刷卡 VS. 现金

刷卡和现金各有自己的优缺点，她姐给大家总结了一下：

（1）刷卡的优势：①携带方便，使用便捷，整体安全性较高；②用多少刷多少，不会发生外币过度兑换的情况；③很多信用卡有特约商户，不定期有促销活动；④一些信用卡会提供紧急援助、网络帮助等服务。

（2）刷卡的劣势：①可能会产生货币兑换费用或手续费；②如果卡片丢失，会面临被盗刷的风险。

（3）现金的优势：①携带小额外币在哪里都能消费，不受场地制约；②当时消费、当时结清，不会产生额外费用。

（4）现金的劣势：①携带大量现金十分不便，一旦丢失损失很大；②过多地兑换现金会产生无谓的汇率损失。

（二）消费时需要注意的问题

了解了刷卡和现金各自的优劣势，出国消费时到底如何搭配才能既安全又便捷，还能时不时省点钱？下面给大家几个提示：

（1）适当携带外币现金，用于支付交通费和小额开销。建议大家最好多换点零钱，避免在一些场合因为面值过大而找不开的情况。人多的话可以每人都带点，不要都集中在一个人身上。

（2）购物、酒店等消费场景，以刷卡为主。刷卡时，能走银联通道就尽量不要用其他通道，因为银联费用更低。如果有能在境外使用的信用卡就更好了，可以利用信用卡的免息期。

（3）刷卡时，注意仔细核对消费金额，并时刻注意用卡安全。境外消费一般都是凭签名消费，很多情况下刷信用卡不需要密码。因此，一定要核对好消费金额再签名，且尽量让银行卡在自己的视线范围之内。一旦信用卡不慎丢失，一定要马上联系银行挂失。

（4）可以在出国前申请信用卡临时提额，方便使用。出国前应该确认好自己的信用卡是否可以在境外使用，以及是否会在出国时过期，如果有需要可以向银行申请临时提高信用额度。

（5）刷卡后妥善保管交易凭条。如果发生重复扣款现象，可以凭交易凭条

及时与发卡行联系。另外，由于流水单据上清晰地记录着信用卡卡号、有效期和取款金额等信息，因此不要随意丢掉 POS 机和 ATM 机打印出来的交易流水单，以免个人信息被盗用。

四、境外购物怎么买最省钱

现金、卡都已经准备好了，那么就开心买起来吧。这里有几个省钱窍门：

（一）提前比价，关注商品原产地

首先，推荐大家关注想购买的品牌在目标国家的官网价格，可以一目了然地看到商品在国外的价格是多少。其次，如果确定了要买的商品而没有确定目的地，可以通过在线比价网站或比价 App 来看同一个东西在哪里买最便宜。现在的比价 App 功能很强大，同一件商品能够给出全球不同地点退税前和退税后的价格比较，帮你算出哪里买最合适，甚至还配备了扫码比价、汇率转换、退税说明等功能。不过要提醒大家注意，这类 App 也被很多人用来发布广告，大家一定要擦亮双眼，避免上当受骗。

（二）关注离境退税政策，购物完还能"返现"

离境退税，是指对境外游客在能够退税的商店购买商品，可以在离境的时候按政策退税，也是一些国家为了吸引短期旅游者进行消费的一种手段。如果旅游目的地有退税政策，相当于购物结束还有一次可以返现的机会。不过大家需要注意的是，不同国家的退税政策和税率可能每年都会发生变动。所以，大家在出国前或海外购物时可以提前了解清楚。

（三）在免税店购物

上面我们介绍的是一些国家的离境退税政策，各个国家的具体要求不一样，但一般来说，都是在指定退税商店买够一定数额才能退税，而且本国公民是无法享受这个政策的。如果不了解退税政策，也可以在免税店购物。那么对于游客来说，退税和免税哪个划算？一般来说，如果购买的商品在这个国家关税税率高于退税税率，那么在免税店购买比较划算，如烟、酒、化妆品等。而奢侈品、服饰等物品，在国外通常税率不高，在商场和专卖店买了再去退税更划算。

（四）可以省钱的地点和时间

除了离境退税和免税店，还有哪些地方可以直接帮我们在购物时省钱？

1. 打折村（奥特莱斯）

如今的打折村是一种商业模式，主要特点是低价销售一些品牌商品，而且不一定都是过时的款式，很多在专卖店刚刚下架的款式也经常能够在打折村找到。

2. 工厂店

打折村是各种品牌商店的聚集，成了一个大型的购物中心。而还有一些品牌，由生产厂家单独开了一个店卖一些过季或断码商品，但与专卖店不同的是，其采用了从工厂直接到消费者的模式，没有分级的批发商，这样消费者购买起来会相对便宜，这就是所谓的"工厂店"了。

3. 打折季

在欧洲，各个国家一年普遍有两个时间段会集中打折：夏季打折季（每年6月下旬至8月）和冬季打折季（圣诞节前后至次年2月）。每个打折季大概分为三轮：第一轮东西最好、最贵，比原价便宜；第二轮，东西一般，价格再便宜一些；第三轮，主要是前两轮挑剩下的东西，价格最便宜。所以，可以根据打折季的节奏安排自己的行程。

（五）其他的省钱细节

除了以上提到的省钱方法，还有一些小细节可以帮助我们在海外购物时小小省上一笔钱。比如，各大商场或品牌商店的专属活动折扣、商店或机场免税店的满减优惠券，这些信息可以在酒店、商场等场合的商家宣传册上找到，一些热门旅游地点也会将其投放到比价 App 上。

另外，还有支付渠道上的折扣。近年来，银联、支付宝、微信支付纷纷加入了折扣大军，在一些商店结算时，大家要留意不同的支付渠道是否有优惠，如刷银联卡打折、支付宝抽免单、微信返红包等。

五、海外购物如何办理退税？

（一）哪些国家有比较好的退税政策？

因为各个国家的税收体系完全不同，所以退税之前先要了解旅游目的国具体的退税政策。比如，欧洲的绝大部分国家对游客的退税政策是非常友好的。而且，虽然都是欧洲国家，西班牙凭借着退税门槛低（0 欧元）、退税幅度大（12%~18%）而备受欢迎，而瑞士（申根国但非欧盟国），退税门槛相对高一些，退税幅度也并不是很大（4%~8%）。

（二）税率比较

因为各国的税收政策不同，所以退税幅度也是不同的。比如，小丽购买了某一品牌的背包，该商品在欧洲境内定价相同而且没有折扣，如果小丽从法国离境退税，只能退 12%，而从西班牙离境退税，大概可以退 14%（仅为举例，实际税率以当地最新政策为准）。所以，提前了解目的国税率，一样的东西在税率最高的国家办退税，也可以省下不少钱。

（三）持什么签证能退税？

离境退税政策也不是每个外国人都可以享受到的，一般来说，主要面向商务、旅游等短期停留的外国人，而定居者、留学生、长期驻外工作的人，是无法办理退税的。

（四）退税单怎么填写？

退税单上最重要的部分是金额，这个金额一般是由商家填写的，消费者不可以涂改，有涂改退税单就直接作废了。所以在同一商家把所有商品都买好了最后才开退税单。如果临时添购，一定要重新开退税单，不可以在原来的退税单上添加。另外退税单不能遗失，没有补办退税单这种事。

退税单上要自己填写的部分比较简单，填写 Passport No.（护照号码）、Name（姓名）、Home Address（家庭住址）、City（城市）、Country（国家），这些信息在护照上都能找到，然后 Signature（签名）写中文就行。如果选择机场退现金，填这些就行了。如果选择退至银行卡，还需要填写 Credit Card No.（信用卡号码）。有些商家会在开税单时直接打上你的卡号，如果最后的四位数字是你信用卡的后四位，就不用再填卡号了。

（五）离境时海关盖章与机场退税

填写完退税单，就可以等着在离境时退税了。在离境前的最后一个机场、火车站或者边境，需要海关在你的退税单上盖章，证明你确实要离开了，然后把退税单交给指定的柜台或者投进指定的邮筒，就可以退税了。柜台可以选择退现金，也可以选择退还至信用卡；邮寄就只能退到信用卡了。

这里有两个要点需要注意：第一，海关盖章的时候，除了需要准备好必需的退税单、购物小票、护照、离境机票，有时候还会要求检查你的退税商品，尤其是一些比较贵重的物品，如奢侈品、手表，抽查概率非常高。千万不要提前托运行李，万一海关要检查的时候无法出示，海关是可以拒绝盖章的。第二，一定要看好自己的退税公司，交到对应的柜台或者投进对应的邮筒，如果放错了，就不要指望着收到退款了。

另外，现在除了进入海关后在机场退税，有些国家也可以提前在市内的指定地点提前拿到退税金，然后离境时将退税单寄出即可。不过一定要注意，提前拿到退税金是要用你的信用卡做担保的，此时你并没有完成退税手续，因为退税是政府行为，退税公司提前把钱给你了，万一退税公司没有收到你的退税单，那么退税公司就拿不到政府的钱了。所以，如果一段时间内退税公司没收到海关盖章的退税单，还是会把提前给你的钱从你的卡里扣掉。由此可见，如果不是着急用钱的话，还是等海关盖完章再拿到退税金比较保险。

（六）信用卡退税与现金退税

信用卡退税可以全额退款，没有手续费，总数额也没有限制，而且很方便，只要有了海关盖章，税单寄走，就可以直接上飞机了，回家等着钱到账就行。但是信用卡退税也有缺点，一是要等，等上两三个月才到账是常事；二是稍微有点风险，如果邮寄出了问题（如寄错邮箱），退税公司没收到，你可能一分钱都拿不到。

选择退现退税会多一点手续费，大概是退税金额的 10% 左右。单次退税总额有数量限制，如果退税金额超过 1000 欧元，工作人员不会给那么多现金，会要求退到卡上。这个限额没有明确标准，不同的退税公司也有限额浮动。现金退税要现场柜台排队，不像信用卡那么便捷。如果手上有不止一家退税公司的税单，就得分开去不同的柜台排队，登机时间紧张的时候容易耽误登机。但现金退税的好处也是显而易见的，现场拿钱现场走人，不用等到回国。

（七）支付宝等平台退税

除了信用卡和现金退税，还有一个选项，就是第三方退税平台，比如，在支付宝上就可以退税。支付宝与 Global Blue 联合推广了海外退税服务，使用该服务时，消费者只需在印有"Alipay"标识的退税单上填写与支付宝绑定的手机号码、护照号和中文名拼音等信息，离境前同样经过海关检查盖章、投递指定信箱，就可以回家坐等退税到支付宝账户了。流程上与信用卡退税一样，但到账时间却比信用卡快得多。具体的退税到账情况和退税攻略，在支付宝"支付宝全球退税"服务窗上即可查看。

六、海外购物后需要注意的问题

（一）剩余外币怎么办

我们在国外旅游，常常会面临一个问题：旅途结束了，手里的当地货币还没花完，剩余的怎么办？如果外币面额比较小可以直接当作纪念；如果剩余的外币比较多，那就要提前计划了。如果是不能广泛使用的币种，且国内银行无此币种直接兑换业务的（如斯里兰卡卢比），可以换成美元或最后在机场花掉。即使是美元、欧元、英镑、日元这类广泛使用的币种，也不建议大家留太多，尤其是对于不会频繁出国的人来说，将这些货币留在手里就更没用了。有人说可以将这些货币存银行理财，但是国内外币理财较少，收益也较低，像美元、欧元、英镑的理财产品，年化收益率在1.5%～2%，与人民币理财相比比较不划算。

（二）信用卡被盗刷怎么办？

在境外使用信用卡购物，很多时候是不需要提供密码的，只需在账单签名确认即可。所以相比于国内用卡，海外购物时更容易出现盗刷风险。一旦遭遇盗刷，大家应该：第一，一旦收到可疑的消费短信，无论数额大小，都要第一时间联系发卡行挂失，要求冻结卡片。尽管有些银行提供盗刷险保障，但是保障额度通常达不到授信额度，所以第一时间挂失能够降低损失。第二，在当地报警，以便拿到报警回执，这样回国向银行申请盗刷险时会有凭有据。其实，与盗刷后的补救措施相比，更重要的还是做好风险防范。

最后，要提醒计划出国旅行购物的各位，尽管现在有些国家和地区针对境外购物已经有了可以退货的规定，但由于种种原因，海外购物退货仍然是一件非常不容易的事情。因此，普通消费者尽量不要冲动购买珠宝、手表、古董等高价商品；若决定购物，付款前一定要确保把交易时的承诺都清楚列明在发票上，并保存好全部购物票据。

◆第六节　贷款买车套路深，教你避开那些套路

有数据显示，超90%的消费者在获得购车指标时如果手上的钱不够，会选择用贷款的方式购买，用最小的资金压力买下自己心仪许久的爱车。但是车贷机构多，车贷方案也是五花八门，一旦没选好或者不小心被套路了，就会导致购车成本大幅上升。下面我们来讲一下车贷的内容。

一、如何选择车贷机构？

（一）什么是车贷？

车贷，从字面上理解，就是机构在人们购买车辆时提供的贷款服务。随着我国汽车市场的发展，配套的车贷服务也逐渐完善。与此同时，人们也逐渐接受了通过贷款提前消费、享受服务的理念。

（二）什么情况下可以使用车贷？

（1）资金不够支付全款的稳定收入人群。对于部分上有老下有小的人来说，日常出行依靠公共交通或打车非常不便，一时间资金不够支付车辆全款，但是收入稳定，通过车贷就可以满足购车需求。此外，以北京为代表的部分城市，对于个人购车有严格限制，需要通过摇号的方式来获得购车资格，中签的概率很低。如果中了签但资金不够支付车辆全款，通过车贷来购车也不失为一种选择。

（2）期间收益大于贷款支出，能提高资金使用效率的情况。现在有很多4S店、经销商为了提高销量，会联合银行或汽车金融公司推出车贷优惠活动，有时候算下来贷款的实际支出非常低，如果理财收益或者其他投资收益能够超过车贷支出，那么即使资金充足也可以考虑放弃全款使用车贷来提高自己的资金使用效率。

二、有哪些车贷机构，各自有何特点和不同？

目前我国经营车贷的机构已经多元化，车贷类产品主要包括：银行传统车贷、银行信用卡汽车分期贷款、汽车金融公司分期贷款、无抵押信用贷款，以及其他机构提供的汽车分期贷款产品。

我们将主流的四种汽车分期方式按照征信要求、申请资料复杂程度、审批时间和整体费用四方面进行了比较，大家可以先直观地感受一下：

（一）银行传统车贷

银行是最传统提供车贷服务的机构，银行传统车贷也被称为直贷产品。

优势：费率不高，覆盖的品牌和车型最全面。

劣势：部分银行收紧信贷规模，逐渐减少或取消了传统个人车贷业务；对贷款人的要求门槛较高，一般需要具有本地户口或者在本地有房产，另外还需要提供身份证、工作证、银行流水、社保证明，一般还需要提供第三方担保和抵押物，审批时间长。

适合人群：银行传统贷款首付一般为 30%，贷款利率不高，非常正规，但办理门槛高，适合有本地户口、工作稳定的个人。

（二）银行信用卡汽车分期贷款

银行信用卡车贷指的是银行通过信用卡提供的汽车分期付款服务，汽车分期的额度由申请人的资信状况及信用卡使用情况决定。银行信用卡车贷已经成为银行主推的车贷方式。

优势：办理手续相对简单，没有利息，只有手续费，部分可积累信用卡积分。

劣势：整体费用比银行传统车贷高，汽车品牌有限制，额度也有限制，不一定能满足额度需求。

适合人群：对额度要求不高，分期时间短，购买品牌有合作信用卡的个人。

（三）汽车金融公司分期贷款

我们所说的汽车金融公司是指经中国银保监会批准设立的，为中国境内的汽车购买者和销售者提供金融服务的非银行金融机构。一般来说，汽车金融公司都有汽车厂商背景，主要为自有品牌提供服务。我国第一家汽车金融公司是于 2004 年成立的上海通用汽车金融，截至 2018 年底，我国经银保监会批准成立的汽车金融公司有 25 家。这里要提示大家一下，同样是银保监会批准设立的消费金融公司是不能提供车贷服务的，如果有人打着消费金融公司的旗号要为你提供车贷，此时就要谨慎了。

优势：门槛相对较低，手续办理方便，有活动时费率低，贷款方案灵活。

劣势：一般只针对自有品牌，有时会与购车优惠冲突，有保险、加装等强制绑定销售。

适合人群：喜欢方便快捷服务，个人征信一般的个人。

（四）第三方汽车金融平台分期贷款

近年来很多互联网金融平台发展迅速，其中就出现了以车贷为主营业务的汽车金融科技平台，这些平台大多通过融资租赁的方式为用户提供车贷分期服务，如目前市场占有率较高的易鑫金融（腾讯、京东、百度、易车共同投资）和天猫汽车都是通过融资租赁的方式来为用户提供车贷分期服务的。

融资租赁是目前国际上最为普遍、最基本的非银行金融形式，是指出租人根据承租人也就是用户的请求，与第三方供货商订立供货合同，出租人根据合同出资购买承租人选定的设备，同时与承租人订立一项租赁合同，将设备出租给承租人并向承租人收取一定租金的方式。

在车贷中，第三方汽车金融平台就是出租人，买车的贷款人就是承租人，第三方金融平台根据与买车人签订的合同向4S店或经销商购买车辆，并且向买车人收取一定费用，从而满足购车人分期购车的需求。

优势：门槛最低，办理手续简便，购车方案灵活，首付款比例较低。

劣势：一般整体费用较高，存在捆绑销售。

适合人群：喜欢方便快捷服务，不在乎费用，个人征信一般的个人。

三、贷款买车时可能遇到的陷阱

前文提到了目前国内主流的四种分期购车的机构和方式，下面再来说说分期购车中涉及的一些费用和注意事项，因为如果我们不注意，可能就会掉进陷阱里。

（一）首付款

与房贷一样，在分期购车时，购车人首先需要支付的就是购车的首付款。根据银保监会的规定，我国的汽车贷款发放实施贷款最高发放比例要求制度，贷款人发放的汽车贷款金额占借款人所购汽车价格的比例，不得超过贷款最高发放比例要求。其中，自用传统动力汽车贷款最高发放比例为80%，即首付比例不得低于20%；自用新能源汽车贷款最高发放比例为85%，即首付比例不得低于15%；二手车贷款最高发放比例为70%，即首付比例不得低于30%。

这里所说的汽车价格，对新车来说是指汽车实际成交价格（扣除政府补贴，且不含各类附加税费及保费）与汽车生产商公布的价格中的较低者，对二手车来说是指汽车实际成交价格（扣除政府补贴，且不含各类附加税费及保费）与贷款人评估价格的较低者。

她姐说：

如果大家在进行分期购车时看到的首付款低于上述所说的首付比例，就要注意看看是不是存在特别的附加条款了。

一般来说，银行传统车贷和银行信用卡贷款的首付比例都在20%~30%，不会随意变动，而4S店和经销商为了促进销售，有时会联合汽车金融公司推出零首付购车，第三方汽车金融平台的融资租赁业务首付可以低至10%。通常，汽车金融公司和第三方汽车金融平台降低首付比例，都是通过公司垫付首付款的方式来完成的，但是，"羊毛出在羊身上"，所以如果看到零首付购车，一定要提高警惕。常见的陷阱包括：零首付购车车辆总价比不分期要高，抬高手续费，捆绑销售保险或强制加装 GPS 配件等。

除此之外，我们还要注意"首付款"是否充足。我们上面所说的首付款都是专指汽车价格的首付，而在实际购车的过程中，除了汽车价格的首付，购车人还需要同时支付车辆的购置税、车船税、上牌费、保险费等费用，这部分费用都是不能分期的——属于实际的"首付款"。有些购车人在购车时只考虑了车辆价格本身的首付而忽略了其他费用，导致首付资金不够，无法提车，甚至导致违约，最后损失了一大笔定金。

（二）利息和手续费

在分期购车的过程中，最复杂的就要数计算分期利息和手续费了，陷阱最多的也是这部分。

一般来说，银行传统车贷的利息比较低，在规定的贷款基准利率上根据实际情况可能会有一定上浮，一般来说没有手续费。银行信用卡汽车分期贷款则相反，只收取手续费而不收取利息，分期手续费＝分期金额×分期手续费率，手续费会根据分期期数按月分摊收取，整体来说，信用卡分期的费用会高于银行传统车贷。

汽车金融公司分期贷款一般会同时收取利息和手续费，有时也会名义上减免利息，却通过按比例收取手续费的方式来变相收取利息。第三方汽车金融平台提供的汽车金融方案一般都直接打包了分期的利息、手续费、车辆购置税以及首年保险费等费用，我们很难拆解出具体的费用项，我们推荐的比较方式是先去 4S 店或经销商处询价，根据询价结果计算银行传统车贷、信用卡贷款的分期支出，然后同汽车金融方案进行比较，看汽车金融方案分期总成本是否在可接受的范围内。一般来说，第三方汽车金融平台的分期方案都采取等额本息还款的方式，每期月供是相同的。此外大部分汽车金融方案在月还款额外，还会由合作的 4S 店或经销商收取一笔定额的手续费，在计算总成本的时候一定不要忘记这笔费用。

分期时要考虑等额本息还款和等额本金还款的实际成本。与房贷一样，在利率相同的情况下，等额本息还款的总利息支出要高于等额本金还款，但是前期的还款金额低，前期还款压力小。购车人可以结合自己的实际情况来选择，如果前期资金压力较大，就选择等额本息还款，如果想节省利息可以优先考虑等额本金还款。

在期限上，车贷的贷款期限（含展期）不得超过 5 年，期中二手车贷款的贷款期限（含展期）不得超过 3 年。

她姐说：

在汽车金融公司进行分期贷款时，一定要同时问清楚利息和手续费，将两者相加之后考虑分期的综合成本，而不是被零利率迷惑。手续费要关注是定额的还是根据汽车价格按比例计算。一般来说，汽车价格越高，分期金额越大，定额手续费的方式越合适。部分汽车金融公司在做活动促销的时候只收取定额的手续费，分期成本会低于银行传统贷款。

（三）其他费用

在进行汽车分期时，有些机构会向购车人收取公证费、抵押费、过户费、征信调查费等一系列费用，还有些机构会要求购车人在本机构购买保险，并且一定要购买全险，此外还有 4S 店或经销商会要求购车人强制加装 GPS 或内饰等。

她姐说：

这里要明确告诉大家，上述的这些所谓公证费、抵押费、过户费、征信调查费等收费都是不合理的。前几年市场不规范的时候，几乎所有机构都会要求购车人配套购买车辆全险，而目前已经有很多机构和银行并不需要购车人购买盗抢险了，更不用说其他不相关的各类保险了。

当分期超过一年时，有些机构不仅要求购车人在本机构购买第一年的车辆保险，还会强制收取续保押金，如果购车人第二年忘了回原机构续保而是在其他机构购买了车险，那么机构就会名正言顺地扣除续保押金，所以购车人一定要注意，如果在不得已的情况下缴纳了续保保证金，那么第二年一定要记得回原机构购买车险。

她姐说：

总之，分期购车时大家一定要时刻提高警惕，在计算分期成本时要将所有的成本综合计算在内，不要忽略掉任何一项，一定要认真看合同，尽量将所有涉及的事项都列入合同内，防止后续纠纷。

◆第七节 A 股开户大有门道，这样做每年省几千元

虽然投资者在开户前，都会了解一下各个券商的优劣势，但面对那些开户介

绍话术，是没有太多认知的。

其实选对券商，不仅意味着每年节省上千元成本，也意味着会有更好的投资体验。下面我们就跟大家聊聊这个话题。

一、为什么要开 A 股券商账户

很多人误以为只有炒股才需要开一个券商账户，其实除了炒股，有券商账户还能做很多事。

（一）可以买可转债

与炒股不同，可转债打新基本上是一个低风险的套利项目。尽管近些年来中签率有所下降，但坚持打新，一年也能盈利上千元。而且可转债除了打新，还是一个不错的投资工具，有配售、潜伏、投资等多样玩法。这都需要先有券商账户才可以进行。

（二）可以买 ETF

ETF 本质上是一种基金，全称是"交易型开放式指数基金"，是近几年投资界的热点和大趋势。开个券商账户，在二级市场买 ETF 的优势是非常明显的。ETF 有以下两个重要优势：

1. 费率较低

虽说 ETF 的本质是一揽子股票的指数基金，但是在二级市场上买卖时，没有基金的申购赎回费，而是像买股票一样向券商支付佣金，大部分是万分之几，并免除印花税。对比一下场外的申购费，按照 1.2% 的低费率计算，即便打一折，也要 0.12%，比起 ETF 还是贵不少。而且 ETF 的管理费和托管费也比较低，大多仅为 0.5%。

2. 流动性好

ETF 可以像股票一样随时看到净值，而且也可以即时买卖。如果想抓行情买一些主题 ETF、行业 ETF，可以不用进行较多的公司研究，很快入场。

（三）可以买场内基金等

除了上述玩法，拥有券商账户还可以买场内基金、LOF 基金，参与溢价套利等，还有国债逆回购，配稳健底仓打新等玩法。总之，如果要做投资，没有券商账户局限真的太大了。而有一个功能好、稳定性高、费率低的券商账户，可以使我们的投资如虎添翼。

另外，要提醒一下已经有证券账户的投资者，因为这些年激烈的竞争拉低了佣金水平，所以很多开户较早的人，佣金率是很高的，比如0.1%，基本上是其他人的许多倍，每年平白多交好几千元佣金。建议开户较早的用户打开券商软件确认一下自己的各种费率，和自己的客户经理商量下调佣金率，或者重新开一个费率更合适的账户。

二、如何选择A股券商

费率是影响我们投资体验最直接的一个环节。一般来说，在使用券商账户投资的过程中，以下几个环节的费用是最主要的：

（一）股票费率

前面已经提到，各种券商的佣金比例在激烈竞争下已经越来越低了。目前，一般券商佣金为0.025%~0.03%。有些特定的券商经纪人、营业部或者渠道，还能争取到更优惠的佣金。

帮大家算个账：假设我们是打算投资股市的新人，投入20万元资金，换手次数15次。如果佣金率为0.025%，那么每一次买入或者卖出，佣金为50元。换手是买入和卖出双向的，那么一年下来交易佣金就是1500元。

如果选择佣金率为0.012%~0.015%（即万分之一点二至万分之一点五）的渠道，仅交易佣金一项，每年保守就能节省750元的交易费用。这还仅仅是交易频率偏低的情况，如果做短线交易，交易费用是成倍增长的，选择费率低的券商可以大量节省成本。

是否有免5优惠也很关键。一般情况下，券商的交易佣金在不满5元的时候依然按照5元收取。比如，用3万元投了3只股票，每只股票市值1万元。那么每次交易时，如果交易佣金是0.025%，按照费率，每次交易佣金为2.5元，但是其实每次都要交5元。如果券商有免5的优惠，那么可以省下一半交易成本。如果使用一些频繁交易的策略，一年下来，能节省几百元。另外，对于资金量小的用户来说有免5的优惠显得尤为重要。假设单笔交易2000元，如果不免5则实际费率是0.25%，是名义费率的10倍以上。

（二）ETF和LOF费率

ETF和LOF的佣金和股票佣金不太一样，通常比股票佣金低一些。市面上费率稍高的有0.015%，比较优惠的能到0.01%或者0.005%。如果ETF和LOF仓位重，选择一个 ETF 和 LOF 佣金合适的券商也很合适。

（三）可转债（沪）和可转债（深）费率

一般来说，沪市和深市可转债的佣金费率不一样——沪市一般为 0.0005% ~ 0.02%，深市为 0.004% ~ 0.008%，基本都免 5。可转债的总体佣金率不高，对于打新的人来说，基本可以忽略。

当然，费率绝非我们选择券商的唯一标准。我们在交易时，券商就是我们的工具和武器，我们当然希望它的功能越实用越好。目前，大家比较关注的实用功能主要有以下两个：

第一，ETF 条件单。条件单是一种方便交易的工具：在自选的时间内，当股价达到触发条件的时候，系统会自动委托挂单。之前很多券商条件单是不支持 ETF 和 LOF 的，现在有很多也陆续支持了，对投资者来说操作起来更便捷了。传统的券商需要我们时不时地盯盘，才能大概率不错过买入时机。但有条件单的话，设置到 8 元买入，无须盯盘，系统就能自动帮你下单，用在止盈止损策略上，也能大大解放我们的精力，并且能更好地执行我们的交易思路。

第二，网格交易。网格交易本质上也是条件单的一种，它是这两年非常流行的一种在震荡市获利的交易方式。据统计，一年内有 70% ~ 80% 的时间行情处在震荡状态中，单边走势只有 20% ~ 30% 的时间。在漫长的震荡行情里，网格交易者利用事先规定好纪律的方式，进行着反复的低买高卖。也就是把资金分成多份，从基准价开始，每涨×% 就卖出一份，每跌×% 就买入一份。这种交易方式的缺点就是要反复操作，网格交易则完全将这个过程自动化了，设置好条件就可以自动操作了。

还有一些其他可选择的事项，比如，如果很在意交易稳定性等，那就尽量选择比较大的券商，头部券商一般稳定性会比较不错。另外，各家 App 的好用程度也是考虑的指标。建议大家选券商的时候，首先根据自己的投资习惯，圈定两三家费率较好的，然后下载 App 试用，最后选择两个自己觉得用起来最顺手的作为自己的主力账户。

参考文献

［1］陈增宝．以原始股为诱饵骗取钱财之定性［J］．人民司法，2009（20）：18-21.

［2］撑起养老保险的第三支柱［EB/OL］．中国经济网，［2021-01-11］．http：//www.ce.cn/xwzx/gnsz/gdxw/202101/11/t20210111_ 36208278. shtml.

［3］高鸿业．西方经济学（宏观部分）（第五版）［M］．北京：中国人民大学出版社，2011.

［4］高收益、安全性、高流动性，不可能三角了解一下［EB/OL］．南方基金，［2020-09-16］．http：//www.southernfund.com/main/lcdx/tzjn/tzjj/zcpz/95137. shtml.

［5］"固收+"有哪些种类？［EB/OL］．东方财富网，［2022-01-24］．http：//fund. eastmoney. com/a/202201242257963183. html.

［6］关于规范商业性个人住房贷款中第二套住房认定标准的通知：建房［2010］83 号［A/OL］．［2010-05-26］．http：//www.gov.cn/gzdt/2010-06/04/content_ 1620891. htm.

［7］侯丽艳，梁平．经济法概论［M］．北京：中国政法大学出版社，2012.

［8］胡志民．经济法［M］．上海：上海财经大学出版社，2006.

［9］金油比解读：金油比与经济周期关联性较强［EB/OL］．金融界，

［2021－11－17］．http：//futures. jrj. com. cn/2021/11/17094533864540. shtml.

［10］可转债交易规则［EB/OL］．经济参考网，［2011－10－20］．http：//jjckb. xinhuanet. com/2011－10/20/content_ 338127. htm.

［11］扩围前澄清四大误区——房产税能起多大作用？［EB/OL］．人民网，［2012－12－26］．http：//finance. people. com. cn/money/n/2012/1226/c218900－20017254. html.

［12］李端生．基础会计学（第 3 版）［M］．北京：中国财政经济出版社，2012.

［13］李晖．资管新规落地三周年：去通道去嵌套显著　投资问题融资化需重视［EB/OL］．中国经营网，［2021－04－27］．http：//www. cb. com. cn/index/show/jr/cv/cv12520020280.

［14］李扬．金融学大辞典［M］．北京：中国金融出版社，2014.

［15］刘晓君．工程经济学（第三版）［M］．北京：中国建筑工业出版社，2010.

［16］陆雄文．管理学大辞典［M］．上海：上海辞书出版社，2013.

［17］如何通过四分位排名图判断一只基金的好坏？［EB/OL］．百凌读财，［2022－01－04］．https：//baijiahao. baidu. com/s？ id＝1721006313413833501.

［18］通货膨胀是什么？导致通货膨胀的原因？［EB/OL］．金投网，［2017－05－19］．http：//finance. cngold. org/zhishi/c5029233. html.

［19］王美涵．税收大辞典［M］．辽宁：辽宁人民出版社，1991.

［20］消费型保险是什么意思？和储蓄型保险有哪些区别？［EB/OL］．康波财经，［2021－01－13］．https：//baijiahao. baidu. com/s？ id＝1688768406647727843.

［21］新版征信报告5月面世：信息全纪录个人"黑历史"难改［EB/OL］．新浪财经，［2019－03－214］．https：//finance. sina. com. cn/roll/2019－03－14/doc-ihsxncvh2306015. shtml.

［22］杨从丽．黄金、贵金属理财与我国特色［J］．杭州金融研修学院学报，2014（5）：38－40.

［23］债券基金的收益从哪里来主要有这几个方面［EB/OL］．探其财经，［2021－07－01］．https：//www. tqcj. com/a/50885. html.

［24］资管新规正式实施，银行理财的变化与展望——投资者观察系列（十）［EB/OL］. 财经天下事，［2022-02-25］. https：//www.sohu.com/a/525300400_121118710.